L'ÉLOGE DE LA FOLIE

composée en forme de déclamation

PAR ÉRASME

TRADUCTION NOUVELLE

avec une Étude sur Érasme & son époque, des Notes & une Bibliographie

par ... DES ESSARTS

AVEC LES DESSINS D'HOLBEIN

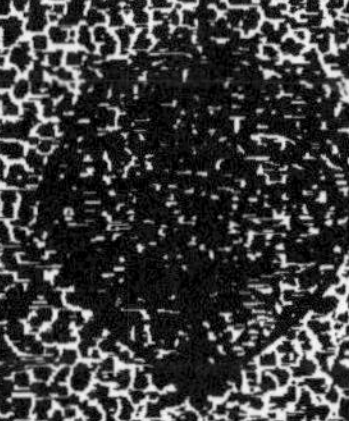

PARIS
... ÉDITEURS

L'ÉLOGE

DE LA FOLIE

TIRAGE

Papier à la forme...	5oo
Grand papier de Hollande de Van Gelder..............	25
Grand papier de Hollande de Van Gelder, avec une double fuite de gravures fur chine volant............	25
Papier de Chine...	24
Beau papier du Japon......................................	10
Parchemin, certifié unique, imprimé au recto feulement.	1
	585

Tous les exemplaires tirés à petit nombre font numérotés à la preffe.

ÉVREUX, IMPRIMERIE DE CHARLES HÉRISSEY.

L'ÉLOGE
de la
FOLIE

L'ÉLOGE

DE

LA FOLIE

Compofé en forme de déclamation

PAR ERASME

TRADUCTION NOUVELLE

Avec une Préface, une Étude fur Erafme & fon époque
des Notes & une Bibliographie

PAR EMMANUEL DES ESSARTS
Profeffeur à la faculté des lettres de Clermont

81 EAUX-FORTES D'APRÈS LES DESSINS D'HOLBEIN
Un Frontifpice de WORMS, & un Portrait de l'auteur

GRAVÉS

PAR CHAMPOLLION

PARIS

ARNAUD & LABAT, LIBRAIRES-ÉDITEURS
Sous les galeries du Palais-Royal.
—
M DCCC LXXVII

E fut une agréable furprife pour notre activité toujours inquiète des chofes de l'efprit, pour notre dilettantifme toujours en éveil que de recevoir de l'éditeur l'invitation de traduire l'*Eloge de la Folie*. Or, l'auteur de cet opufcule, le bon Erafme, étant un de nos amis dans le paffé, nous accueillîmes comme une heureufe fortune cette occafion de confumer de longues femaines dans fon docte entretien & fa familiarité piquante. Nous y avons trouvé beaucoup de charme, encore que le charme ne foit pas l'attribut du mordant humanifte, mais bien plutôt la raifon badine, la verve éloquente, la puiffante caufticité. Ce nous fut un bon compagnon, car il nous menait à la chaffe aux ridi-

cules, aux abus, aux vices pourfuivis par fon
emblématique Folie qui nous paraiffait plus
d'une fois la vraie Sageffe. La Sageffe n'eft-elle
pas déeffe, & par conféquent femme, &, toujours
d'après la même logique, encline aux jeux & aux
déguifements? ne ferait-elle pas capable d'adopter un mafque, un bonnet bizarre, une marotte,
des grelots, & de jouer fon rôle ordinaire fous
un coftume de carnaval? Cette hypothèfe nous
affiégeait à maintes reprifes pendant que nous
entendions Erafme nous parler dans ce latin
parfois douteux, mais fi original & fi vivant
& fi bien fait pour être la langue de l'ironie.

Car c'eft l'ironie qui domine dans ce petit
livre, de la première à la dernière page, ironie
qui pour le temps comportait auffi fa nouveauté.
En effet, la fatire au moyen âge n'accoutume
pas d'être auffi fine, auffi légère. Encore
Erafme fe reffent-il bien en quelques parties de
la lourdeur de l'âge précédent. Mais, à ne juger
que d'enfemble, il court, il gliffe, il vole, là où
les autres fe traînaient; il laiffe la facétie du
moyen âge, loin derrière lui, s'attarder dans la
pefanteur, & à diftance il fe retourne pour
oppofer au ricanement, à la grimace des fcolaftiques de la plaifanterie le rire facile d'un
arufpice ou d'un faune, le rire bienheureux de
la Renaiffance. C'eft ce rire qui réfonne & vibre
dans tout l'*Eloge de la Folie*, à part les pages

finales où l'héroïne se fait théologienne. De là
une lecture aisée & rapide. Les parties successives
de ce libelle ne languissent pas, les petits
tableaux se suivent sans station trop prolongée,
la revue de la grande armée des Fous est leste-
ment & vivement passée par la dame au vert
chaperon qu'Erasme a chargée de ce soin. Dro-
latique revue, plaisante comparution de toutes
les sottises & de toutes les vanités humaines
devant un juge qui s'y connaît, une Thalie
tenant la place de Thémis, rédigeant sa sen-
tence à grand renfort d'éclats de rire & avec un
éparpillement de coups de fouet qui fait jaillir
des étincelles.

Qu'on nous permette d'analyser l'ouvrage
que nous avons essayé de traduire à la moderne,
c'est-à-dire avec la précision & le relief, & sans
ce souci d'éteindre le modèle qui caractérise
l'école pseudo-classique de la traduction inexacte.
C'est à ce titre que nous avons respecté les
périodes d'Erasme, estimant infidèle autant
que déplacé d'attribuer à un style imbu de latinité les coupes de la prose voltairienne & la
sautillante allure des phrases de Beaumarchais.

Voici donc la Folie qui entre en scène
& lance son appel. Elle est la bien venue d'ailleurs. Comme l'Aphrodite antique, elle s'annonce amie du rire, & le rire accueille sa
présence, car elle apparaît toute radieuse & toute

réjouie en ne laissant pas de se comparer au
renouveau de retour; n'est-elle pas jeune comme
toutes les Immortelles? Elle se montre & peut
dire, comme Charles d'Orléans :

> « Allez-vous en, allez, allez,
> « Souffi, foing & mérencolie. »

Ainsi présentée, elle demande la parole, revendique l'initiative & se recommande des sophistes,
quand elle pourrait s'apparenter de Socrate.
Mais Erasme ne veut pas lui donner trop vite
gain de cause, bien qu'elle soit sous forme bouf-
fonne l'interprète de ses plus sérieuses pensées.
Cependant point de fausse modestie. La Folie
fera son propre panégyrique, dût-elle se servir à
elle-même de joueuse de flûte. Tout du reste a
trouvé des louangeurs, même la fièvre & la
peste, & la calvitie peu séduisante pourtant. A
la Folie donc de prononcer son propre éloge.
Elle s'en acquittera bien; car cette déesse est
une commère.

Et d'abord, elle fait honte aux plus honteux.
Point de neutralité, comme l'édictait la vieille
loi athénienne. Entre Momus & Thalès il faut
choisir. N'est-elle pas engageante & d'un attrait
certain cette fille de l'opulent Plutus & de
l'enjouée Démence, & qui naquit souriante au
milieu des sourires de la nature ?

« Ne vous y trompez pas, celui qui m'a

« engendrée n'était pas ce Plutus d'Ariſtophane,
« déjà penché vers la tombe, atteint déjà de
« cécité; mais le Plutus de jadis, encore en ſon
« entier, fervent de jeuneſſe, & non de jeuneſſe
« ſeulement, mais bien plus encore du nectar
« que par haſard il avait, dans le banquet des
« dieux, amplement humé par larges raſades...
« Je ne ſuis venue au monde ni dans l'errante
« Délos, ni ſur la mer onduleuſe, ni dans les
« creuſes cavernes, mais dans les îles Fortunées,
« où tout vient ſans ſcience & ſans culture. Là
« plus de travail, plus de vieilleſſe, plus de
« labeur; nulle part dans les champs d'aſpho-
« dèles, de mauves, de ſcilles, de fèves; mais de
« tous côtés au plaiſir des yeux, au loiſir des
« narines, ſe jouent le moly, le népenthès, la
« marjolaine, l'ambroiſie, le lotos, la roſe, la
« violette, l'hyacinthe, les jardins d'Adonis. »
(P. 11-12.)

Et ſouriante toujours elle s'avance au milieu
d'un cortége flatteur & bien complaiſant pour
toutes les miſères humaines, elle-même offrant
tous les biens. Ne diſpenſe-t-elle pas le plus
grand de tous, la vie (p. 114 & 199)? Explication délicate & que je laiſſe aux ſoins d'Eraſme,
nul traducteur n'étant reſponſable des libertés
de ſon modèle. Mais, une fois pour toutes, que
la pruderie, cette triſte invention de l'hypocriſie
moderne, ne préſide pas à la lecture de ce

volume, &, pour quelques lignes où Léon X
& Sadolet n'euffent pas trouvé matière à fcan-
dale, où fe fuffent délectées la grande Made-
moifelle & Madame de Sévigné, que l'on ne
faffe point le procès à la pauvre Folie. Rappelez-
vous comme Shakefpeare, dans la *Douʒième
Nuit,* traite fon Malvolio « a devil of puritan»;
comment Molière arrange Arfinoé par les mains
de Célimène, & croyez, avec ces grands hommes, que pruderie & vertu ne font nullement
fynonymes.

La Folie avant tout veut prouver qu'elle eft
fympathique. C'eft elle en quelque forte qui de
fes reflets dore l'enfance, empourpre l'adolefcence & la jeuneffe, argente de douces lueurs le
front du vieillard. A cette « feconde enfance »
de la vieilleffe elle verfe comme un Léthé de
Jouvence. Et le vieillard lui doit fes plaifirs,
& le vieillard lui emprunte fon charme. Car
rien n'eft plus charmant qu'un vieillard encore
jeune & d'un efprit indulgent.

« Que maintenant les impertinents aillent
« évoquer les Médées, les Circés, les Vénus, les
« Aurores & cette fontaine qu'ils cherchent je
« ne fais où pour rendre la jeuneffe, quand feule
« je poffède & pratique ce pouvoir. En effet, je
« difpofe de ce fuc merveilleux avec lequel la
« fille de Memnon prolongea la jeuneffe de
« Tithon. Je fuis cette Vénus dont la faveur fit

« rajeunir Phaon, pour qu'il pût être aimé
« de Sapho. J'ai des herbes & des enchante-
« ments, une fontaine qui non-feulement rap-
« pelle l'adolefcence écoulée, mais qui la per-
« pétue. »

Si la terre ne nous fuffit pas, la Folie nous
enlève au ciel. Parcourons l'Olympe, Bacchus,

« Au vifage de vierge, au front ceint de vendange »

eft bien le plus aimable & le plus fou des dieux.
En vain Ariftophane & tous fes camarades de
l'Ancienne Comédie lui décochent-ils leurs
traits les plus perçants. On fait bien qu'un
allègre Lyæos calmera leur fureur factice. Et
notre Ariftophane fera le premier à s'écrier dans
les *Grenouilles* par la voix fonore du chœur :
Iacchus, dieu vénéré, accours à notre voix....
agite les torches ardentes, ravive leur éclat;
Iacchus, Iacchus, aftre brillant de nos myftères
nocturnes... O Bacchus, roi de la danfe, guide
mes pas. (Ariftophane, — *Grenouilles*, traduction Poyard, p. 403-599.)

Et qui va-t-on chercher dans l'Olympe après
Bacchus ? Eft-ce Jupiter & Vulcain ? Eft-ce
Pallas ? Non; c'eft Cupidon, ce dieu qui ne
dédaigne pas d'être un petit enfant & un petit
fou. Et c'eft l'Acidalienne, la Cythérée, l'Aphrodite d'or qui porte fur fa figure une folie prin-
tanière. Encore les hôtes les plus graves de la

demeure olympienne favent-ils parfois s'apprivoifer. Les mythologiques amours de Jupiter en donneraient des nouvelles, & la forêt confidente parlerait au befoin de Diane & d'Endymion. Qu'eft-ce donc des bouffonneries ancillaires de Vulcain & des preftiges de Mercure, & de la cordace fi vertement danfée par Silène, & de la rauque chanfon de Pan, & des Satyres & Satyreaux communiquant à l'Olympe l'hilarité de leurs « atellanes » !

Redefcendons fur la terre. L'homme eft-il, de préférence inftinctive, raifonnable ou bien paffionné ? C'eft la paffion qui le domine & par fuite la Folie ! Pour fon malheur, diront les prétendus Sages. Pour fon bonheur, répondra l'héroïne d'Erafme. Et franchement ces deux thèfes peuvent fe foutenir. Car, fi l'excès ou l'indignité font à redouter dans les emportements de la paffion, rien de grand ne fe fait fans paffion, fans paffion rien ne s'obtient qui vaille l'honneur d'un fouvenir : la vie fans paffion, ce ferait la nature fans foleil. Or dans toute paffion il entre un peu de folie, on ne peut en difconvenir. D'ailleurs, tout ce qui s'écarte du train ordinaire de la vie & de la moyenne fageffe eft taxé de folie par les efprits médiocres, c'eft-à-dire par la majorité des hommes. Ne faifons pas intervenir d'auguftes exemples : mais eft-il une feule des fécondes inventions, des

aüdacieufes découvertes du génie, des hautes
entreprifes de l'hiftoire qui, foumife au jugement
de ceux qui fe croient les Sages, n'ait été traitée de folie, d'extravagante & de chimérique?
Ici, que la bonne foi me réponde, & la Folie,
qui eft un peu ma cliente, triomphera fur ce
point. A prendre la queftion férieufement, elle
peut produire tout le mal poffible; mais il lui
refterait toujours d'avoir, à l'aide de la paffion,
accompli toutes les grandes chofes qui aient été
faites en ce monde.

Voilà pour l'efpèce humaine en général. En
particulier, la Folie revendique la femme, mais
pour lui donner un rôle charmant, celui qui
confifte « à tempérer, à récréer la trifteffe de
l'efprit viril dans la communauté domeftique ».
A cette Folie, leur patronne, elles doivent la
beauté qu'une auftère fageffe eût chaffée
d'ici-bas, & le défir de plaire, & l'attrait, & la
perpétuelle adolefcence, toute la ceinture de
Vénus. Point de feftin encore fans la Folie, fans
elle point de ces douces relations qui rendent fi
délicieufe la fociété de nos femblables, fans elle
peut-être pas d'amitié!

Ne cherchons point ici les définitions de Cicéron, ni, comme parle Montaigne, « la force
inexplicable & fatale, médiatrice de toute
union ». Attendez-vous à un paradoxe qui,
comme tout paradoxe, n'eft que la vérité atour-

née & coftumée. Ce que veut dire cette chère Folie, c'eft que l'illufion ne nuit pas à l'amitié; qu'elle fert, au contraire, à l'entretenir & à la cimenter, là où peut-être de part & d'autre une connaiffance raifonnée des défauts & travers réciproques amènerait le refroidiffement & la défaffection. Rien de plus jufte. La véritable amitié vit d'illufions : car elle n'eft l'amitié qu'à la condition de rejeter dans l'ombre les défauts de l'être affectionné, & de mettre fes qualités non-feulement en pleine lumière, mais comme dans cette perfpective de la fcène qui agrandit les proportions. Il n'eft pas, en effet, d'amitié ardente, dévouée, fidèle, c'eft-à-dire d'amitié (car tout le refte n'eft que camaraderie ou convenances fociales), qui n'ait, comme l'amour, fon grain de folie dans une conception enthoufiafte & exaltée des mérites de l'ami ou de l'amie que l'on chérit. Si votre ami eft bon, qu'il vous femble un jufte; s'il eft auftère, qu'il foit pour vous un faint; s'il eft vaillant, qu'il vous apparaiffe un héros; enfin, s'il eft fimplement affectueux, qu'il foit Pylade pour vous Orefte, pour vous Euryale qu'il foit Nifus!

Pure folie, diront les fpectateurs indifférents & goguenards. Soit, mais ici encore c'eft la Folie avec fes hyperboliques illufions qui prête au monde la force des grandes amitiés & fufcite avec elle des énergies que le commun des mor-

tels ne foupçonne pas. L'amitié fervente & folle
a fauvé Ifraël, délivré Thèbes, remué des mon-
tagnes. Braves bourgeois aux affections « fages
& raifonnables », vous ne feriez pas feulement
bouger un caillou.

C'eft au même titre que la Folie revendique
pour elle le bonheur du mariage. En effet, dans
cette affection plus exigeante que l'amitié, puifqu'elle implique la continuité de l'exiftence à
deux & une union bien autrement intime
& profonde, fans une illufion conftante, je dirais
même fans une admiration mutuelle, naïve-
ment fentie chez les humbles, plus voulue, mais
non moins fincère chez les braves gens qui ont
de l'efprit, le mariage aboutirait bientôt à la
laffitude & à l'ennui. Malheur aux époux qui
fe jugent ! obfervez les bons ménages, & vous
y reconnaîtrez toujours la part de l'illufion,
c'eft-à-dire de la folie, illufion bien refpectable,
folie facrée !

Nous ne fuivrons pas Erafme & fa déeffe
dans les adouciffements qu'ils prétendent appor-
ter aux infortunes conjugales. Ici l'illufion
n'eft qu'une trifte reffource. Ce n'eft plus le
généreux ftimulant des bons mariages & des
belles amitiés, mais encore l'aveuglement d'un
malheureux époux n'eft-il point préférable à la
fanglante découverte de la réalité ? mieux vaut
peut-être ignorer le gouffre que de le contempler

dans toute fon horreur. Bienfaifant le bandeau qui préferve du vertige & du précipice!

L'illufion, toujours l'illufion! telle eft la panacée que recommande la Folie! Sans une confiance parfois exceffive & illufoire, y aurait-il un orateur, un poëte, un artifte affez affermi pour ofer fe rifquer devant le public? « Il eft néceffaire que chacun commence par fe flatter foi-même avant de fe recommander aux autres. » Ecoutons Pafcal parler de l'imagination qui n'eft autre que cette illufion dont la Folie eft fi fière :

« Je ne parle pas des fous, je parle des plus « fages, & c'eft parmi eux que l'imagination a « le grand don de perfuader les hommes... Cette « fuperbe puiffance a établi dans l'homme une « feconde nature. Elle a fes heureux, fes mal-« heureux, fes fains, fes malades, fes riches, fes « pauvres; elle fait croire, douter, nier la rai-« fon; elle fufpend les fens, elle les fait fentir, « elle a fes fous & fes fages... Qui difpenfe la « réputation? Qui donne le refpect & la véné-« ration aux perfonnes, aux ouvrages, aux lois, « aux grands, finon cette faculté imaginante? » (Ed. Havet, in-12, p. 35-36.)

Et Pafcal renchérit encore : « L'imagination « difpofe de tout; elle fait la beauté, la juftice « & le bonheur qui eft le tout du monde. » (*Ibid.*, p. 41.)

Nous protesterions contre Pascal & contre Erasme au nom de la vraie raison, de la raison sublime & supérieure des véritables sages; mais avec elle nous n'hésitons pas à croire que le bon sens vulgaire est incapable d'agir sur les hommes comme l'imagination, ou l'illusion, si vous le voulez. Que ce soit un bien ou un mal, le fait existe, & tout fait doit être signalé.

La Folie, telle qu'Erasme la met en scène, n'est pas embarrassée pour se trouver des clients & des titres. La voici qui réclame la guerre & les guerriers. Nous ne lui envierions pas ce domaine, si ce n'était un champ d'héroïsme & de bien d'autres vertus. Discipline, patience, abnégation, bravoure, tout cela tient sous les plis du drapeau. Ce n'est pas le gros bon sens, la fausse sagesse qui déploieront ces vertus. Jamais le bon sens n'a pris de canons au pas de course, jamais il n'est monté à l'assaut, jamais il n'a résisté pour l'honneur & contre toute espérance; il est dans la nature du bon sens de capituler. La Folie seule a fait Marathon & Salamine, & Poitiers, & Lépante, & Rocroy, & Fontenoy, & Valmy, suivi de Jemmapes & de Fleurus.

Que la Folie d'Erasme soit parfois irrévérente pour la vraie Sagesse & s'oublie à la confondre avec la fausse, je n'en disconviendrais pas; mais entre la fausse sagesse & une généreuse folie

l'héfitation n'eft plus poffible, & la thèfe para-
doxale d'Erafme prend l'importance folennelle
de la vérité. Ailleurs elle redevient une fpirituelle gageure. Par exemple (p. 47), la parodie
de la vie politique eft traitée par Erafme d'une
façon bien divertiffante. Avouons qu'il tombe
jufte. Les critiques contre le ftoïcifme (p. 53-54)
ne font pas fans portée. Le ftoïcifme a produit
de belles vies & de belles morts, & maintenu
en face des Céfars une grande force morale, la
proteftation de la confcience. Mais n'a-t-il pas,
comme la doctrine religieufe qui devait préva-
loir fur lui, contribué par trop à l'abftention
& au détachement de la vie publique? A partir
de cette page mélangée de badinage & de vérité,
comme ce qui précède, le paradoxe recommence
toujours plaifant, mais moins fpécieux que pré-
cédemment. Cependant il ne faut point oublier
que fi la penfée d'Erafme fe trahit de temps en
temps, c'eft la Folie qui parle, un perfonnage
capricieux & bouffon, malgré fes illuminations
étonnantes, & que la Folie doit être confé-
quente avec fon nom & fes attributs. La fcience
& les arts font malmenés par elle & ne s'en
portent pas plus mal. Seulement le retour à la
nature, comme elle l'entend (p. 63-199), ferait
un retour à la barbarie & à la beftiale ignorance. Elle badine, il eft vrai, mais par malheur
bien d'autres ont lourdement differté fur le

même fujet, & les apologiftes des fauvages,
Jean-Jacques le premier, n'ont pas fait les
affaires de la civilifation.

La Folie me femble plus à fon aife & fur
un meilleur terrain quand elle préconife les
fous comme bons & joyeux compagnons (p. 69-
199), feuls capables de faire entendre la vérité
aux oreilles les plus récalcitrantes. De même
quand elle revient à fon panégyrique de l'illufion. Et cependant elle « rougit prefque » de
certaines complaifances par trop fortes des
imaginations humaines. Elle admet « l'alchi-
mifte » auquel refte (p. 78), « cette penfée confolatrice qu'avoir rêvé le grand eft déjà une
fatisfaction »; mais les joueurs, elle ferait tentée
de les renvoyer aux Furies. Et je ne fais où
elle enverrait ceux qui adorent les faints comme
des idoles : « Ils ont trouvé dans faint Georges
« un Hercule, un autre Hippolyte. Voyez-les
« adorer, ou peu s'en faut, le cheval du faint
« pieufement orné de colliers & de boutons,
« s'acquérir auprès de lui fans ceffe de nouveaux
« mérites par de petits préfents, jurer par fon
« cafque, ce qui eft pour eux un mérite fouve-
« rain » (p. 80-199). Et comme elle les traite,
ceux qui attendent toutes les joies terreftres
& céleftes des mefquines pratiques de dévotion,
& ceux qui « fe contentent avec de fauffes
« rémiffions de leurs crimes & mefurent comme

« à la clepſydre les eſpaces du Purgatoire ». La Folie n'eſt pas amie des indulgences. Eraſme non plus. L'Egliſe n'eût rien perdu à écouter ſur ce point cette théologienne de carnaval.

Au reſte la Folie a beau jeu de s'étendre ſur l'idolâtrique adoration des ſaints au temps d'Eraſme. Les faits qu'elle cite paraiſſent incroyables & ſont d'ailleurs dépaſſés par le témoignage de l'hiſtoire. Dans le recours aux ſaints & dans les indulgences les plus grands ſcélérats croyaient trouver l'aſſurance de l'impunité future & pour le préſent le droit à prix d'argent de recommencer ſans ceſſe leur enchaînement de vices & de crimes. A ſes contemporains qui rachetaient ſi effrontément toutes leurs ignominies, Eraſme tient le bon langage & fait la réponſe vraiment chrétienne, cette fois ſous le pſeudonyme d'un Sage :

« Vous ferez une bonne fin à condition que
« vous commencerez par bien vivre. Vous rache-
« terez vos péchés en ajoutant à votre pièce de
« monnaie la haine ſincère de vos fautes, les
« larmes, les veilles, les prières, les jeûnes,
« &, en un mot, la converſion. Vous n'obtiendrez
« les faveurs de tel ou tel ſaint qu'en imitant ſa
« vie. »

La Folie quitte un moment les faux dévots pour paſſer en revue un bon nombre de ſes adeptes, des moins ſéduiſants, de ceux chez qui

l'illufion confine à la bêtife. Voici les minu-
tieux qui de leur vivant ordonnent leurs funérailles, & les orgueilleux tout empanachés de
leur nobleffe, & les artiftes préfomptueux, & les
dupes de la flatterie qui font tout un peuple
dans chaque nation, & tous ceux qui donnent
la comédie à l'Olympe :

« Les dieux en effet emploient les heures qui
« précèdent midi, les heures fobres, à entendre
« les prières des mortels ou leurs débats querel-
« leurs. Au refte, quand ils font humides de
« neétar & qu'il ne leur plaît plus de rien faire
« de férieux, ils fe réuniffent au plus haut du
« ciel & regardent en bas la comédie des mor-
« tels » (p. 101-102).

Puis vient une de ces énumérations drola-
tiques où triomphe Erafme, & qui va des quêteurs de dot & des exploiteurs de fucceffion,
des trafiquants fraudeurs admirés par des moinillons en frairie, aux bigots qui courent à tel
pèlerinage laiffant au logis femmes & marmots
(p. 105). A ces grandes revues, tel eft le procédé
de notre auteur, succèdent des catégories.
Apparaiffez, pédants, grands donneurs d'étri-
vières, pour être à votre tour fuftigés par cette
déeffe qui n'y va pas de main morte. Venez,
verfificateurs, rhéteurs, plagiaires, jurifconfultes,
pour recevoir plus ou moins votre paquet. Mais
la fcolaftique attrape les meilleurs horions. C'eft

que la fcolaftique, épaiffie de ténèbres, eft la
plus grande ennemie d'Erafme : car notre
Erafme eft un des fils de la Renaiffance toute
lumineufe. Scolaftique & théologie étaient alors
de la même famille : auffi la Folie les fait-elle
fraternifer dans fa diftribution d'efcourgées. Et
remarquez qu'il ne s'agit plus de vétilles plus
ou moins plaifantes, mais de férieux griefs tous
appuyés fur des faits. Ici la Folie eft l'interprète
de l'hiftoire : toutes ces propofitions bizarres,
abfurdes, impies au regard de la tradition chrétienne, & que l'héroïne d'Erafme flétrit en badi-
nant, toutes font extraites des théologiens & des
fcolaftiques du temps. On ne lifait pas l'Evangile, on l'interdifait aux fimples fidèles, & l'on
fe demandait férieufement (p. 120), « fi Dieu
aurait pu s'unir avec un âne, fi une citrouille
eût pu faire des miracles ». Jamais l'inanité de la
fcolaftique, la ftérilité de la théologie du moyen
âge n'ont été fi profondément étudiées, fi exactement rendues. Rien ne peut fe détacher de
cette partie, d'un ton plus élevé, & qui fait penfer fouvent aux *Provinciales* de Pafcal. C'eft
un fervice qu'Erafme rendait une fois de plus à
la religion, même en démafquant ceux qui la
furchargent de pratiques, & l'adultèrent d'inventions fubtiles & fcandaleufes, race qui n'eft
point perdue de nos jours. Aux théologiens
& aux fcolaftiques Erafme affocie les moines

dans fon réquifitoire; les moines qu'à l'exemple
de beaucoup d'excellents chrétiens il eftime
auffi infruétueux, auffi dangereux parfois qu'un
prêtre peut être utile (p. 131-199). Dans cette
averfion à l'endroit des moines, il fe rencontre
avec les hommes les plus pieux du moyen âge
& de la Renaiffance, car ce n'étaient pas des
Lollards ou des Albigeois, c'étaient des catholiques fervents que tous ces poëtes fatiriques, ces
Guillaume de Lorris, ces Jean de Meung, ces
Rutebeuf, ces Alain Chartier, fi févères d'habitude pour la gent qui porte froc. Remarquons ce
fait curieux que, dans ces audaces qui paraî-
traient exceffives à notre timidité, difons le mot,
à notre lâcheté contemporaine, Erafme fut
approuvé par les témoignages flatteurs de tous
les papes qui vécurent de fon temps. Léon X
qui donnait à fes invités en guife de divertiffement le fpeétacle d'un moine berné & feffé,
n'était pas pour le contredire. Et Thomas
Morus, qui voulut en Angleterre patronner
l'*Éloge de la Folie*, fut de manière folennelle
un martyr de la foi romaine. A cette époque,
du refte tous les catholiques éclairés, & furtout
les dignitaires de la cour de Rome, jugeaient
& qualifiaient les moines à la façon d'Erafme.
Ces difpofitions ont ceffé de nos jours parmi
ceux qui fe difent orthodoxes. Eft-ce la difpari-
tion des abus qui ramène ainfi bon nombre

de nos contemporains vers le monachiſme?
cette explication ſerait trop ſimple & trop naïve
à donner, les choſes en ce monde ſont d'ordinaire plus compliquées.

Quoi qu'il en ſoit, nous recommandons au
leĉteur toutes ces ſcènes groteſques de théologie
en aĉtion (p. 138-199), qu'Eraſme expoſe devant
nos yeux. C'eſt de la comédie & de la meilleure,
puiſqu'elle met en œuvre la réalité. Mais il
ſerait trop long de vous dérouler tout cet imbro-
glio. Auſſi bien faut-il laiſſer au leĉteur quelque
ſurpriſe. Il ne goûte pas moins de plaiſir à ces
portraits ſaiſiſſants des princes (p. 147-199),
des courtiſans (150-199), des évêques & des
papes. Mais la Folie théologienne, prêchant
& gourmandant avec autant d'éloquence que
d'eſprit, la Folie ramenant au vrai chriſtianiſme
les entêtés de ſuperſtition, la Folie héritière des
ſaint Bernard & des Gerſon, & devancière de
Paſcal & de Saint-Cyran dans la pieuſe intention de réformer la diſcipline de l'Egliſe, offre
un ſpeĉtacle bien réjouiſſant à la fois & bien
curieux pour le penſeur. Car la viſée d'Eraſme
eſt de nous faire réfléchir en nous faiſant rire.
Fortifier la foi dans les âmes en épurant l'Egliſe,
telle a été toujours la penſée d'Eraſme, penſée
vraiment politique & dont l'accompliſſement
n'eût point laiſſé de place à Luther. Lorſque
avec ſincérité, dans une vue de conciliation,

l'on foutient une telle entreprife, toutes les armes font bonnes & l'efprit n'eft pas la moins efficace. De là pour nous la valeur morale autant qu'hiftorique de toute cette dernière partie de l'*Eloge de la Folie*. Il y a plus de verve & d'obfervation dans les deux tiers de l'ouvrage, mais comme cette fin fe relève dans l'éloquence & dans la profondeur! C'eft donc un attrait des plus varié que nous femble promettre cet ouvrage, fi toutefois ma traduction répond, comme je m'enhardis à le croire, tantôt au mouvement, tantôt à l'ampleur de l'original. Puiffé-je moi-même n'être pas en cette occurrence trompé par la reine de toutes chofes, au dire de la Folie, par l'inévitable Illufion !

Emmanuel DES ESSARTS.

INTRODUCTION HISTORIQUE

—

ERASME, SA VIE ET SES ŒUVRES

E n'ai pas la prétention, en venant parler d'Erafme & de fon temps, d'apporter au lecteur une de ces études complètes ou définitives que notre époque produit à intervalles. Cette étude d'ailleurs a été faite & bien faite par M. Durand de Laur, dans les deux volumes publiés en 1872[1]. Il me femble fuffifant, pour un travail préliminaire, avant-coureur de cette traduction, de rappeler les incidents de la vie d'Erafme, les péripéties où fa deftinée dut fe trouver engagée; de déterminer fes relations avec d'illuftres contemporains, d'établir le caractère de fon œuvre, de définir enfin fon rôle fur la fcène du xvie fiècle, & dans le grand drame de l'humanité.

[1] *Erafme, précurfeur & initiateur de l'efprit moderne*, par M. Durand de Laur, ancien profeffeur de l'Univerfité. Paris, Didier, 1872.

Génie actif mais moyen, esprit plutôt qu'imagination, plus doué par l'intelligence que par la sensibilité, notre Erasme ne pouvait mieux faire qu'en naissant au pays de Hollande, à Rotterdam, le 28 octobre 1466. Il naquit en Hollande & resta hollandais; parmi toutes ses finesses & toutes ses élégances, comme tous les grands artistes de son pays, il sut saisir & rendre la réalité dans ce qu'elle a de plus vif & de plus expressif; il lui manqua, comme à ces peintres d'ailleurs admirables, de s'élever aux régions supérieures de l'art où se développe le pathétique, où le lyrisme s'épanouit, où triomphe amplement l'idéal. Humaniste & nourri du suc de l'antiquité, ce fut exclusivement un moderne Latin, possédant & dispersant le sel de l'atellane & de la satire, mais incapable d'émettre le souffle léger de la muse grecque, « spiritum tenuem. » Ses lèvres sont imbues de falerne : à d'autres le miel de l'Hymette.

La naissance d'Erasme fut le seul événement romanesque d'une vie plus agitée que troublée. Entre sa mère, Marguerite, & son père, Gérard, l'amour avait été le précurseur du mariage. Au moment où vint au monde cet enfant qui devait tant faire parler de lui, le père avait été contraint à la fuite par les résistances de ses parents. A Rome, où il s'était réfugié, on s'empressa de lui annoncer la mort de Marguerite; cette nouvelle mensongère jeta Gérard dans les ordres; de retour en Hollande, il retrouva, mais vainement, Marguerite vivante, mère, & ne s'attachant qu'à réparer son imprudence en élevant son fils avec tout le soin possible. Gérard, quoique médiocrement riche, n'abandonna ni Marguerite, ni son enfant; par malheur, ce père & cette mère du futur Erasme moururent à peu de diftance, l'un & l'autre à peine âgés de quarante ans, laiffant aux prifes avec des tuteurs d'affeétion douteufe un pauvre écolier de treize ans. Cet écolier favait déjà par cœur Horace & furtout Térence qu'il apprécia toujours comme le plus pur modèle de la diétion latine. Mais Horace & Térence étaient impuiffants à protéger contre l'avarice des tuteurs le petit latinifte de Deventer, déjà promis à de grandes deftinées par les maîtres de ce célèbre collége : Alexandre Hégius, Jean Sintheim, Rodolphe Agricola. Quoi qu'on en ait dit, les commencements ne font pas trompeurs ; il y aura toujours un effaim d'abeilles divinatrices pour accourir aux lèvres plus tard éloquentes & infpirées.

Le jeune Gérard de Gérard, comme on l'appelait alors[1], n'en fut pas moins arraché à des maîtres favants & affeétueux par les tuteurs qui, dans leur penfée, dévouaient à la vie conventuelle celui qui devait être le plus terrible antagonifte de ces moines. Gérard de Gérard, que nous défignerons déformais fous le nom d'Erafme, fut, à partir de ce moment, comme ballotté entre les exigences monaftiques de fes tuteurs & fes invincibles & prophétiques répugnances contre les couvents alors bien dégénérés, & de tout temps très-mélangés, très-fufpeétés, fauf aux grandes époques de fondation. Nous affiftons à un curieux duel entre un enfant & le monachifme, duel qui prendra de tout autres proportions, quand l'enfant fera devenu un homme. Erafme fut obligé à continuer, ou plutôt à ralentir fon éducation dans la communauté de

---

[1] Plus tard, notre polémifte changea fon nom en celui de *Defiderius* (Didier). Il y ajouta dans la même fignification le furnom d'*Erafmus*, Erafme.

Bois-le-Duc; il y perdit trois ans. Au bout de ces trois ans, il se vit poussé vers le monastère de Sion; après une lutte assez longue & fort pénible, il agréa la communauté de Stein pour y trouver au moins un camarade d'enfance, Corneille Verdénus. Mais la vie de couvent parut insupportable à Erasme, comme il l'écrivit plus tard à un secrétaire de Léon X[1], en traçant le récit de ces douloureuses années, & pourtant, de guerre lasse, il dut accepter l'habit de religieux. Quelles rancunes & quelles représailles dans la suite! Au moins les Lettres lui furent-elles auxiliaires & consolatrices, les Lettres qui devaient porter si haut cet obscur captif d'une réclusion involontaire. Erasme se livra passionnément à l'étude avec un compagnon qui fut un poëte latin distingué, Hermann de Tergoum; au moins ne se trouva-t-il pas gêné dans ses labeurs par le mauvais vouloir de ses confrères, qu'il nous dépeint tous adonnés à la mollesse, à la paresse, & se complaisant dans la satisfaction de leur ignorance & l'ostentation de leurs barbarismes.

Les progrès d'Erasme furent rapides: à vingt ans, il avait produit plusieurs petits traités. Sa réputation précoce lui attira la bienveillance d'Henri de Bergues, évêque de Cambrai, qui le fit sortir du couvent & lui permit ensuite de faire un studieux séjour à Paris [2]. Le malheureux Erasme alla donner tout droit, comme dans un gouffre, en plein collége de Montaigu, dans ce collége fameux, non-seulement par l'atroce sévérité de

---

[1] Lettre à Grummius.

[2] Ce fut à Cambrai qu'Erasme se lia avec un de ses principaux correspondants, Jacques Battus, secrétaire de la ville de Bergues.

Plus tard, la protection de ce prélat devint si chiche & si restreinte, qu'Erasme l'appelait l'anti-Mécène.

fon règlement, mais par l'horrible faleté qui le
rendait pernicieux aux étudiants. C'était l'antre
des maladies, la caverne de la faim. Erafme acheva
de compromettre fa fanté dans cet épouvantable
ergaftule. Il alla fe rétablir tant bien que mal en
Hollande, pour retourner enfuite à Paris, y tra-
vailler de fon mieux, mais dans de déplorables
conditions : l'argent lui faifait défaut pour acheter
des livres ou pourfuivre des études défintéreffées.
Il fe difperfait en vaine befogne de répétiteur ou
de précepteur. En même temps, de faux rapports
lui faifaient perdre en Hollande les amis de fa
jeuneffe ; l'apprentiffage de la vie ne lui fut pas
clément ; il eut, du refte, à lutter longtemps contre
la gène, toujours contre la mauvaife fanté. Lutte
où fon corps ne fut brifé qu'à la longue, où fon
efprit ne femble jamais avoir été vaincu, mais qui
pourtant explique certains tempéraments dans fes
plus grandes audaces.

L'exiftence d'Erafme devait être vagabonde, au
gré des protections fréquemment décevantes qui
fe préfentaient à lui. Quoique fecourable, une
marquife de Weere, noble dame de Zélande, lui
fit attendre vainement ce que fut Marguerite d'Au-
triche pour Jean Le Maire des Belges, Marguerite
d'Angoulème pour Le Fèvre d'Étaples. Un Anglais,
rencontré à Paris, mylord Montjoy, lui fut plus
dévoué, plus obligeant. Auffi le voyons-nous chercher l'hofpitalité tantôt chez Mme de Weere, tantôt
auprès de mylord Montjoy à Paris, puis en Angleterre. Dans ce pays, alors ouvert aux premiers
fouffles de la Renaiffance, Erafme contracta une
amitié indiffoluble avec l'un des initiateurs de
l'efprit anglais, Thomas Morus, qui fut plus tard
le martyr de fa conviction morale et de fa foi

religieufe [1], après avoir été le zélateur de la civilifation & le chercheur original de l'*Utopie* [2].

Ce fut là qu'Erafme vit, enfant & déjà précoce
par l'intelligence, le prince qui devait s'appeler
Henri VIII. Outre Morus, Erafme fe lia d'intimité
avec le futur doyen de Saint-Paul, Jean Colet,
perfonnage auftère, rigoureux théologien, promo-
teur du retour aux Pères de l'Églife, avant-coureur
de la Réforme, curieux comme le furent les Luthé-
riens, fi méconnus en ce point, non d'innovation
& d'héréfie, mais d'orthodoxie reftaurée. Erafme
écrivait à Montjoy : « Entre Morus & Colet, j'ac-
cepterais de vivre au fond de la Scythie. » A ces
amis fe joignaient le favant Grocin, le fubtil
Linacer & un certain prieur Charnoce que « Defiderius » accoutumait d'appeler « le prêtre des
Grâces », charmante & bien jufte image, les déeffes
aux mains reliées par des fleurs n'ayant point ceffé,
pour le bonheur du monde, de s'agréger un facer-
doce qu'aucun dieu ne faurait leur ravir. Sous de
telles aufpices, l'Angleterre fut aimable à Erafme ;

[1] Luther (V. Ses *Propos de table*), devait fe réjouir publiquement de la mort violente de Thomas Morus. Les perfécutés
d'alors étaient fi prêts de devenir les perfécuteurs! Morus, il eft
vrai, l'avait attaqué, en réponfe à fon libelle contre Henri VIII,
dans un pamphlet dont l'invention eft digne d'Ariftophane. Il
fuppofe des guêpes allant, aux ordres de Luther, recueillir
& ramaffer dans tous les mauvais lieux un butin de caquetages ,
d'obfcénités & d'injures (*Opera Mori*, p. 61). En revanche, Mau-
rice Scève, notre poëte français, a confacré un dizain à la
mémoire de Morus fupplicié.

[2] L'*Utopie* de Morus a le tort d'imiter le communifme de
Platon & de préparer les fyftèmes analogues de Fénelon, de
Campanella, de Babœuf, tous attentatoires à la liberté humaine.
On ne peut néanmoins qu'applaudir aux idées généreufes qui fe
trouvent répandues dans cet ouvrage : elles fuffifent à corriger
le paradoxe fondamental. Morus, fur quelques points (liberté de
confcience, adouciffement des peines), eft le précurfeur de Bec-
caria, le devancier de Voltaire.

il la nommait « notre Angleterre ». Il ne laissait
pas d'y remarquer[1] « des nymphes au visage
divin », ces héroïnes à venir de Spencer & de
Sydney, & de noter à ce propos l'avenante habitude des embrassements à toute visite, à toute
rencontre, embrassements dont il « ne dédaigne ni
la douceur ni le parfum ». Cette lettre paraît à
M. Durand de Laur étrange pour un théologien,
soit; mais il ne nous déplaît pas, dans un théologien, de retrouver un homme d'esprit sensible aux
petits riens de la vie, d'humeur badine & très-
accommodante. Malgré ces dispositions, nous allons
voir Erasme sur les grands chemins. Le voilà en
route pour Paris; mais décidément la France ne
lui était point propice, car ce voyage fut coupé de
mésaventures. De Paris, où l'attendait au moins un
ami déjà éprouvé, le professeur Augustin Caminade,
la peste chassa Erasme à Orléans, & d'Orléans le
fit partir en Hollande. Que de déceptions le guet-
taient : il ne rencontra Guillaume Hermann que
jaloux & presque ennemi; l'assistance de la dame
de Weere lui avait été soustraite, la tutelle promise
du duc Adolphe de Bourgogne lui fit défaut. Triste
existence si longtemps en quête de pistoles & d'an-
gelots ! Et la vie du savant nécessitait bien des
frais : achats de copies, de manuscrits, correspon-
dances, que sais-je encore ? L'hospitalité qui le
défrayait était souvent brève ou précaire. Ainsi
Battus, qui avait reçu Erasme, mourut bientôt;
un protecteur espéré, l'archevèque de Besançon,
ne tarda pas à rejoindre Battus. A ce moment,
cinquante pièces d'or décernées par Philippe le
Beau, ne furent pas mal venues pour l'homme qui,

---

[1] Lettre au poëte Faustin.

dans tous ces vagabondages, tranfportait avec lui fes travaux inceffants & fes publications répétées, & que les *Adages* venaient de faire connaître à toute l'Europe favante. Londres de nouveau le recueillit : Montjoy l'y appelait; le prince Henri, qui devait être bientôt l'un de fes correfpondants, l'archevêque de Cantorbéry, Warham, lui firent un accueil auquel Erafme fut toujours fenfible, non fans défirer un petit & fi néceffaire appoint en monnaie bien fonnante. Erafme avait alors près de quarante ans, quand il lui fut donné, vers la fin de l'été de 15o6, de partir pour cette Italie qu'il invoquait de tous fes défirs. Il y voyagera en érudit, comme tous les hommes de fon temps; ni du Bellay, ni Montaigne eux-mêmes ne rapporteront de l'Italie l'impreffion du payfage, la fenfation de la nature directement obfervée. Milton, le premier, & bien brièvement encore, trahira l'effet produit fur fon imagination de poëte par quelques fites & furtout indiquera l'inoubliable preftige de la lumière. (*Paradife loft*, l. III, 1-36.)

Erafme partit avec les deux fils de Boério, médecin du roi d'Angleterre ; il guida pendant deux ans fes jeunes amis : Turin, Bologne, Venife, Padoue, Sienne, Rome, Cumes, où il crut pénétrer dans l'antre de la Sibylle, le gardèrent fucceffivement. Seuls l'avénement de Henri VIII, &, à ce propos, l'invitation de Montjoy, le rappelèrent dans la Grande-Bretagne. Ce fut du refte pendant ce voyage aux terres aufoniennes qu'Erafme ébaucha l'*Éloge de la Folie*, ce petit livre qui jouit d'une fi grande renommée, & dont j'ai tenté de donner une image vive & fidèle. Comme à Milton plus tard, l'accueil des favants n'avait pas manqué à Erafme pendant ces deux années de réfidence en Italie, à Venife furtout auprès d'un Afulanus, d'un Alde Manuce, d'un Jean Lafcaris, ambaffadeur de Louis XII ; plus tard à Padoue, auprès d'un Mufurus. Ce fut là qu'Erafme réédita les *Adages*, publia l'*Hécube* & l'*Iphigénie*, recenfa le texte de Plaute & produifit une édition de Térence. A Rome il connut Jean de Médicis qui fut, fous le nom de Léon X, le Périclès de la papauté. Erafme eût pu, eût dû même ne pas quitter Rome. Qu'allait-il trouver en Angleterre ? toujours des mécomptes & des déceptions.

Montjoy avait écrit à fon ami : « Le roi d'Angleterre vous dira : « Soyez riche. » Et celui-ci s'attendait à naviguer fur le Pactole. Il devait refter toujours fur le rivage. En effet, il ne reçut guère du roi d'Angleterre que des hommages & des compliments ; en revanche, fa renommée augmentait & fon ardeur laborieufe ne s'affaibliffait pas[1]. Il accumulait des travaux fur faint Jérôme & fur le *Nouveau Teflament*; il traduifait un grand nombre de traités de philofophie & des dialogues de Lucien, entre autres l'*Icaro-Ménippe* de ce dernier ; publiait un ouvrage fur l'*Abondance oratoire*, une recenfion de Sénèque[2] : au bout de quelques années, difputées par le travail & les honneurs à l'ennui de la gêne continuelle & des perpétuelles inftances, Erafme fe décida à paffer fur le continent, fans

---

[1] « Si la gloire fe mefurait au labeur de l'homme, il ne devrait pas y avoir un labeur plus glorieux que celui d'Erafme. » (D. Nifard, *Etudes fur la Renaiffance, Erafme*, p. 51, 2e édition, M. Lévy, 1864.)

[2] Sur le goût d'Erafme, fur fes préférences littéraires, confulter comme fur bien d'autres points l'intéreffante thèfe latine de M. Defdevizes du Défert, actuellement profeffeur à la faculté des lettres de Caen. (*Erafmus roterodamus morum & litterarum vindex*. Paris, Durand, 1852.)

perdre de vue l'Angleterre ; car, durant les années suivantes il ne négligea rien pour se concilier Wolsey, le plus puissant archevêque d'York[1].

En 1514, Erasme se dirigea vers Bâle où, dans l'intérêt de ses écrits, l'appelait le grand imprimeur Jean Froben. Ce séjour lui devait être précieux : car il en fit son domicile d'adoption : à peine peut-on noter quelques années d'interruption. Il s'y rattacha, comme en Suisse, des clients nombreux & quelques-uns illustres qui tous ne lui devaient pas rester fidèles, Zwingli, le prochain prédicateur de la Réformation; Œcolampade, destiné aux mêmes entreprises; Ulric de Hutten, le paladin de la polémique, & qui, dès lors, proclamait Erasme le Socrate de l'Allemagne. A Bâle, Erasme « régnait » selon l'expression du doyen Colet, son ami d'Angleterre. A ce moment Léon X venait de monter sur le trône pontifical. Erasme écrivit au pape pour lui annoncer sa publication du *Saint-Jérôme*. En même temps, il avait la généreuse pensée de recommander à deux cardinaux le docte Reuchlin, alors persécuté par la haine des moines[2]. Ce Reuchlin, auquel Audin lui-même rend justice dans ses études sur la Réforme (*Vie de Luther*, 1839, t. Ier, p. 145), avait soulevé l'aveugle courroux du prieur des dominicains, Hogstraten, & de tous les dominicains & théologastres à sa suite, pour avoir défendu contre la rage inquisitoriale les livres juifs, tels que le *Talmud*, la *Kabbale*, menacés par la manie de brûler. Reuchlin dut en grande partie à Erasme

[1] Shakespeare a mis en scène cet orgueilleux prélat dans son drame de Henri VIII.

[2] Rechercher le détail de ces polémiques dans la remarquable thèse de M. Jules Zeller, sur *Ulrich de Hutten*. (Rennes, 1849.)

l'arrêt de furfeoir, *mandatum* de *fuperfedendo*,
par lequel la cour romaine mit fin à cette que-
relle.

Malgré l'infiftance de Léon X, malgré fon propre
défir, Erafme ne reverra pas l'Italie; màis l'étonnante activité de ce corps fi débile lui fera reprendre
encore deux fois la route de l'Angleterre. C'était
avec délices qu'il revoyait Montjoy, Morus, Colet,
Ammonio, les prélats de Cantorbéry & de Rochefter, &, qu'avec une force d'illufion fans ceffe renaif-
fante, il cherchait de généreux patrons auprès de
Wolfey & d'Henri VIII. Il entretint avec ce prince
une correfpondance fuivie. L'apologie catholique,
tentée par le roi théologien, fut l'objet de fes plus
ardents éloges. Que de furprifes défolantes lui
ménageait Henri VIII, fi la vie d'Erafme s'était
encore prolongée. Déjà même il put affifter à la
difgrâce de Wolfey, il eut la douleur d'apprendre
le fupplice de l'évêque de Rochefter, puis de
Thomas Morus, & put s'écrier : « Il me femble
que ma vie s'eft éteinte avec Morus, tant nous
étions une feule âme en deux corps. » Pourquoi
reçut-il, peu de temps après, une fomme de la
part du roi d'Angleterre ? Cette vénalité des grands
lettrés, fi fréquente au xvıe & au xvııe fiècle, ne
s'explique, hélas ! que par un dénûment & une
mifère dont aucun écrivain diftingué de nos jours
n'a connu l'équivalent, le dénûment de Marlowe,
la mifère de Corneille. C'eft une mauvaife confeil-
lère que la faim & ce n'eft pas à nous, fils d'un
fiècle de médiocrité dorée & d'aifance facile, qu'il
appartient d'eftimer trop rigoureufement des ten-
tations qui nous font inconnues. Quand on furprend un Erafme néceffiteux & famélique, on ne
relève pas un témoignage contre fa mémoire, on

acquiert un trifte document contre Henri VIII, François Ier & Charles-Quint.

Il femble que les fouverains euffent dû fe difputer un tel homme. Henri VIII ne fongea qu'un moment à le retenir, plus tard il ne l'invita formellement que pour s'en faire un complice dans fa polémique de divorce. Les papes ne gratifièrent Erafme que d'une protection bénévole, utile à fa fécurité, infructueufe pour fes moyens d'exiftence. Le feul Paul III était à la veille de le faire cardinal, quand Erafme mourut. La place d'Erafme eût été à Rome dont le climat lui convenait merveilleufement. Qu'eût-il fait en France, dans un pays où la Renaiffance n'était pas fortie de la période d'élaboration ? Erafme y était appelé par François Ier pour diriger le collége royal & la « trilingue Académie », comme parle Marot. Mais qui lui pouvait garantir la conftance de cette protection royale ? François Ier n'abandonna-t-il pas fucceffivement Berquin, Marot, des Périers ?

Erafme n'eut guère, dans notre pays, de relations qu'avec les deux érudits qu'il honorait de fes correfpondances, Lefèvre d'Étaples & Budé. Lefèvre était un grand hébraïfant, très-ami de « la Marguerite des Marguerites », & qui fut fouvent inquiété par la Sorbonne ; Budé, l'auteur du fameux opufcule de *tranfitu Hellenifmi ad chriftianifmum*, le premier hellénifte de fon fiècle[1] témoigna beaucoup de fympathie à notre Erafme : il n'en échangea pas moins avec lui quelques lettres empreintes d'aigreur & d'amertume. La race des favants était fort irritable au xvie fiècle. Erafme, tout le premier, fouffrait d'une fufceptibilité plus que fémi-

----

[1] Poëte latin établi en Angleterre.

nine, figne caractériftique de certains lettrés, de
certains poëtes dont la vie eft trop exclufivement
intellectuelle. Malheur à ceux pour qui le drame
de l'exiftence s'agite uniquement dans le cerveau !
Ils font en butte à toutes les fuggeftions de la
vanité, toujours en proie à des paffions mefquines
& factices, faute d'avoir établi en eux l'équilibre
& l'harmonie par une jufte alternance entre l'énergie phyfique & l'activité fpirituelle. Nous fommes
efprit & corps : il faut donner la moitié de fa vie
à chaque moitié de notre être. C'eft à ce prix
feulement qu'on eft un homme ; autrement, in-
complet & mutilé, l'on demeure à jamais le ferf
hébété de la matière envahiffante ou le jouet
fébrile de l'efprit furexcité.

De toute façon, le féjour de Paris n'eût pas
été favorable à Erafme : car l'intolérance religieufe & le pédantifme fcolaftique y féviffaient
avec trop de véhémence[1]. Dans ce chœur de fanatiques, Erafme eût été droit à un homme d'un
efprit libéral, d'une âme haute, en même temps
que d'un favoir étendu, Louis de Berquin, traducteur de fes opufcules. Ce Louis de Berquin
devait périr le 17 avril 1529, comme fufpect de
luthéranifme, condamné, fupplicié, le jour même,
par la fentence du Parlement implacable. Voici,
du refte, les belles paroles que la mort de Berquin
fuggérait à Erafme : « Si Louis de Berquin eft
mort avec une bonne confcience, comme je l'ef-
père fermement, qu'y-a-t-il de plus heureux que
lui ? être condamné, mis en pièces, pendu, brûlé,
décapité, eft chofe commune aux hommes pieux

---

[1] « Science n'a haineux que l'ignorant » (*Epitre XLII, au Roy*)
difait avec raifon Clément Marot, après avoir qualifié la Sorbonne d'ignorante.

& aux impies. Condamner, décapiter, mettre en croix, eſt choſe commune aux juges honnêtes, aux pirates & aux tyrans. Les jugements ſont divers. Celui-là ſeul eſt heureux qui eſt abſous au jugement de Dieu[1]. »

Eraſme n'avait pas à craindre les bûchers, mais de tels ſpectacles lui euſſent rendu la France haïſſable. D'ailleurs il n'aurait, pas plus en France qu'ailleurs, pu ſe dérober à la haine des théologiens & des moines, contre laquelle la bienveillance éclairée des ſouverains pontifes fut ſeule capable de le protéger. C'eſt que cet érudit, ce ſavant, cet artiſte de ſtyle, avait été obligé de prendre parti dans les querelles de ſon temps. En face de la cour de Rome & de l'Egliſe dominante, il avait aſſumé de bonne heure le rôle de l'oppoſition dynaſtique, modérée, mais prodigue d'avis & impatiente de réformes. Ses *Colloques* renferment à cet égard, avec *l'Éloge de la Folie* & ſes ouvrages de polémique, la plus complète expreſſion de ſes idées. Il ſied de remarquer que, parmi ces productions marquées d'actualité, ce même Eraſme publiait *les 'Apophtegmes*, des traités comme *le Mariage chrétien*, *la Veuve chrétienne*, *l'Abondance*, & donnait des éditions de textes conſidérables, un *Saint-Irénée*, après le *Saint-Jérome*, un *Saint-Ambroiſe*, deux volumes de ſaint Auguſtin, le *Babylas* de ſaint Jean-Chryſoſtôme, un opuſcule de Lactance, un *Saint-Baſile*, un *Démoſthène*. Dans les dernières années de ſa vie, il faiſait paraître un *Commentaire ſur le Symbole*, une *Préparation à la Mort*. Son

---

[1] Le Parlement ordonna l'exécution en Grève le jour même « en grande diligence, afin que Berquin ne fût ſecouru ni du roi ni de madame la régente, qui étaient alors à Blois ». Il mourut avec la ſérénité d'un martyr. (Henri Martin, t. VIII, p. 161.)

Prédicateur, un petit livre fur *la Pureté de l'Églife*
devancèrent de quelques années à peine la fin de
fa vie; il mourut en travaillant, fur le champ de
bataille de l'étude.

Ces travaux de fatirique, de moralifte, de philo-
logue, de commentateur des écrits profanes ou
facrés, euffent fuffi à remplir la vie d'un autre
homme. Efprit merveilleufement actif, Erafme
voulut donner fa penfée fur les affaires de fon
temps; il ne fut ni indifférent, ni fceptique, comme
on l'a dit plus d'une fois fans raifon; conftamment
impartial, il refta fans doute fidèle à l'intégrité du
dogme romain, mais il fut en même temps l'infatigable adverfaire des abus introduits dans les
ordres, dans la difcipline, dans les pratiques reli-
gieufes. Réformateur catholique, il n'en devint
que plus odieux peut-être à ceux qui vivaient
d'abus & de fuperftitions; il fe concilia les grands
papes du xviᵉ fiècle, & non-feulement les plus
éclairés parmi les cardinaux, depuis Campégio jufqu'à Sadolet, mais des défenfeurs de l'Églife tels
que Jean d'Eck, Emfer & Cochlée, & des évêques
en fi grand nombre que leur énumération rempli-
rait une page entière. Par contre, malgré tant
d'illuftres appuis, Erafme eut à combattre toute
fa vie l'engeance des cuiftres, des théologaftres
& des moines plus ou moins réguliers. Le collége
de Montaigu, cette geôle de fordide mémoire, lui
fufcita un perfécuteur impitoyable dans la perfonne de fon principal Bedda, l'un des fycophantes
de Berquin. Ce Bedda n'alla-t-il pas jufqu'à écrire
contre Erafme : « Si l'on m'en croit, ce n'eft plus
que par le feu qu'il faudrait agir contre ces fortes
de gens. » Moins tenace que ce pédant, mais non
moins déterminée au befoin, la Sorbonne avait

bel & bien condamné les propofitions d'Erafme dénoncées par Bedda. Cette même Sorbonne interdit aux écoliers la lecture des *Colloques*[1] & plus tard cenfura le *Cicéronien* d'Erafme, d'après le réquifitoire de Scaliger. Le *Cicéronien* avait mis en fureur tous les imitateurs ferviles du Maître, race de plagiaires qui pullulait alors[2]. Mais ces animofités furent peu de chofe auprès de l'acharnement des théologiens dont Erafme avait fignalé l'équivoque & ténébreufe fcolaftique étrangère à la vraie tradition chrétienne, des moines dont il avait dénoncé la craffe ignorance & la révoltante pareffe. Que d'emportements déchaînés contre lui ! Partout où Erafme tranfporta fa vie errante, un libellifte en froc, un fycophante en capuchon, fe dreffent pour le mordre au talon. Pas de repos, pas de trève. Ici c'eft un théologien qui croaffe, là c'eft un moine qui aboie.

En Brabant, un anglais du nom d'Edouard Lee, pâle & maigre, confumé, pour ainfi dire, par une érudition échauffante, fans féve & fans fuc, pour quelques diffidences fur le texte du Nouveau Teftament, fe mit à déchirer le bon Erafme à la façon des Ménades. Lee fut févèrement puni par l'indignation de l'Allemagne & de la Flandre. En Angleterre pourtant, il trouva quelques adhérents : un certain frère Standicius, plus tard évèque, prêcha publiquement contre Erafme à Londres, dans le

---

[1] Clément Marot a traduit deux de ces colloques : 1° « *Abbatis & eruditæ,*» colloque de l'*Abbé & la Femme favante.* — 2° *Virgo* μισογάμος, colloque de la *Vierge méprifant mariage.*

[2] *Dialogus ciceronianus.* Cette lutte d'Erafme contre les Cicéroniens a fufcité des pages piquantes dans le remarquable travail de M. D. Nifard fur le philofophe batave (p. 143 & fuiv., 2ᵉ édition). — La queftion a été traitée à fond dans la thèfe latine de M. Charles Lenient, notre maître.

cimetière même de Saint-Paul. Un ancien ami d'Erafme fe tourna contre lui, c'était Jacques Latomus, théologien de Louvain. Deux domini-nicains, par les mêmes violences, faillirent exciter une émeute à Louvain. Un frère mineur, qui avouait ne rien comprendre au latin d'Erafme, ofa bien, à Anvers & à Bruges, l'affimiler à Luther, & le traiter de bête, de bûche, d'âne & de grue [1]. Plus violents encore éclatèrent le carme Nicolas d'Egmond, puis deux autres dominicains, Frifon & Vincent de Harlem, prodigues de calomnies, copieux en invectives & en fottifes.

Pendant la diète de Worms, le nonce Aléandro conçut, lui auffi, de mauvais deffeins contre Erafme; mais il y avait encore des efprits modérés & clair-voyants dans l'Églife. Erafme trouva, pour le défendre, l'évêque de Tuda, Marlianus. En 1521, Léon X lui-même coupa court à la publication de pamphlets contre Erafme; à la diète d'Augsbourg, l'évêque de Conftance & l'évêque de Vienne agirent de même. Mais, dans l'intervalle, la vie d'Erafme n'avait été qu'un long affaut. Quatre dominicains fe coalifaient pour faire un pamphlet contre lui: un chartreux du nom de Sutor leur venait à ref-couffe en plein Paris, donnant le fignal à Bedda. Car, fous prétexte de défendre la religion, écrivait Erafme, « ces hommes obéiffent à leur haine contre les bonnes lettres ». Ce fut ainfi que les moines efpagnols allèrent jufqu'à la fédition pour obtenir des inquifiteurs un arrèt contre l'un des livres d'Erafme. Il fe trouva, même en Savoie, un éner-gumène pour rejoindre Érafme de fes agiles calom-

---

[1] Ce frère mineur s'appelait Menardus. Il qualifia Erafme en propres termes de *docteur âne*. Voir pour ces détails la thèfe de M. Defdevizes, déjà citée (p. 53 & fuiv.).

nies. N'infiftons pas ; car cette énumération devien-
drait monotone ; mais auffi ne nous étonnons point
de cet acharnement contre Erafme, il avait trop
bien connu les moines & les théologiens, il les a
trop bien dépeints dans les *Colloques* & dans l'*Éloge
de la Folie* pour que ceux-ci puffent l'épargner. Il
mettait en fcène leur mendicité quémandeufe,
leur indolente quiétude. Les priviléges menacés
ne pardonnent pas.

Ce même Erafme, qui ne ceffa d'être harcelé
par tous ces moines & théologiens, extrême droite
du Catholicifme, fut également en butte aux
attaques des réformateurs après avoir été l'objet
de leurs avances & de leurs flatteries. Ceux-ci
furent injuftes, comme on l'eft forcément à toutes
les époques de lutte ; mais l'injuftice ne mérite
jamais d'être approuvée. Erafme put les froiffer
en leur refufant fon concours ; mais ils n'euffent
jamais dû méconnaître cette intervention d'apaifement & de tolérance qu'Erafme opéra prefque
toujours en leur faveur. S'il n'avait tenu qu'au
polémifte de Bâle, ni bûchers, ni gibets fe fuffent
dreffés contre les diffidents ; à part Mélanchton
& Zwingli, les nouveaux-venus n'étaient pas capables de cet appel anticipé à la liberté religieufe.
Bien fupérieurs à leurs adverfaires par l'énergie
& la profondeur de leurs convictions chrétiennes,
par le goût d'émancipation qu'ils développèrent, à
leur infu, dans les efprits des hommes, Luther
& Calvin ne furent, en pratique, ni plus libéraux,
ni plus tolérants que leurs perfécuteurs ; l'ignorance
feule leur attribue cet avantage que le meurtrier
de Servet & le dénonciateur des Sacramentaires
euffent repouffé avec horreur. C'eft Théodore de
Bèze qui déclarait que « le principe de la liberté

de confcience était un dogme diabolique ». « Je voudrais envoyer au fupplice l'évêque de Mayence,» s'écriait Luther. (*Propos de table*, trad. Brunet, p. 340.) Erafme ne voulait ni emprifonner, ni tuer perfonne. C'eft par là qu'il vaut mieux que fes contemporains.

Il fit tout pour retarder les luttes violentes, pour maintenir la paix dans les âmes. Dès le début, nous le voyons, en 1519, agréer une lettre affectueufe de Luther encore inconfcient de fa deftinée, mais déjà réfolûment armé contre les criants abus & les excès révoltants; Erafme y répondit avec fympathie, car il ne s'agiffait encore que de réformes & non de la grande & complète réformation. Il dit en propres termes à Luther : « Votre lettre refpire une âme chrétienne !...», & termine ainfi : « Que le Seigneur Jéfus vous communique fon « efprit plus abondamment de jour en jour & pour « fa gloire, & pour l'utilité publique. » Dans cette réponfe il s'élève contre la rage calomnieufe des théologiens, rend juftice aux évêques qui lui font favorables, & confeille à Luther la modération : « Il me femble qu'on avance plus par une douce « modération que par l'importunité... C'eft ainfi « que le Chrift amena le monde fous fon autorité. « C'eft ainfi que faint Paul fupprima la loi judaïque « en rapportant tout à des figures. Mieux vaut « réclamer contre les abus qui naiffent de la puif- « fance papale que contre les papes eux-mêmes. » Tout Erafme eft là; toute la vérité auffi, fauf deux réferves que nous appuierons fur l'expérience de l'hiftoire. D'abord la modération doit s'affocier la fermeté; l'on ramène fes adverfaires par l'ufage de la douceur & l'emploi des tranfactions; l'on ne fait que les enorgueillir & les endurcir dans leur entêtement par l'idée fixe de leur complaire & de leur facrifier fes amis. D'autre part, il faut bien reconnaître l'aveuglement de ceux qui de tout temps ne favent faire aucune conceffion opportune, & ne font défarmés par aucune fupplication, race éternelle des opiniâtres qui perdent la papauté pour n'avoir pas à temps éliminé les indulgences ou la royauté, pour n'avoir point à l'heure marquée prévenu par d'indifpenfables réformes l'hypothèfe même d'une révolution.

Il faut donc aux chefs de parti quelque chofe de plus que la modération fyftématique d'Erafme; mais cette modération, cet efprit de tranfaction n'en eft pas moins ce qui fait le plus d'honneur à l'efprit d'Erafme, ce qui lui permet d'anticiper fur fon temps & de dépaffer fes contradicteurs. C'eft par là qu'Erafme eft bien plus près de nous que Charles-Quint ou François Ier, qu'Henri VIII ou Luther. Selon une expreffion récente & déjà hiftorique, « il faut fe battre ou négocier ». Erafme eut le ferme propos de négocier au moment où tout arrangement n'était pas impoffible : quels que foient les fervices rendus par la révolution proteftante, l'intenfité de vie chrétienne qu'elle ait ranimée, l'héroïfme qu'elle fut capable de fufciter, les heureux réfultats qu'elle ait provoqués dans les pays qui virent fon triomphe, pourrait-on affirmer qu'une tranfaction n'eût pas épargné au genre humain bien des maux & des défaftres retardataires du progrès de la civilifation : le retour des perfécutions, le déchaînement du fanatifme dans les deux camps, la guerre civile en permanence dans les plus grands États, la deftruction intermittente des monuments de la fcience & de l'art, l'arrêt de la penfée qui grandiffait alors en Italie,

l'étouffement de la philofophie naiffante entre
deux réactions dogmatiques ? Malgré nos préférences perfonnelles pour la Réforme, fes hommes
& fes œuvres, nous croirions volontiers, avec des
efprits d'ailleurs très-émancipés, tels que M. Littré
& M. André Lefèvre, qu'au début une conciliation
obtenue & opérée par un tiers-parti eût été plus
favorable aux intérêts de l'humanité. Et ce tiers-
parti dont Erafme eft le repréfentant à cette
époque exiftait, même dans les rangs de l'Églife
romaine [1]. Tous ces prélats qui protégeaient
Erafme contre les théologiens & les moines, euffent
aifément « négocié ». Quelques années & il était
trop tard.

Erafme ne fe démentit pas. Dans les commencements il n'épargna rien pour couvrir Luther
& fes amis à qui fa fympathie fe donnait alors
fans réferve; car il comprenait bien, lui chrétien
fervent, que ces hommes étaient brûlants du zèle
du Chrift & comme affamés d'Évangile & de tradition apoftolique, & d'autre part qu'ils s'étaient
levés, comme Daniel dans la falle du feftin, contre
une orgie d'excès & d'abus à laquelle, dans fon
propre intérêt, la cour de Rome devait impofer
filence ? Tout en modérant la fougue de Luther,
Erafme ne put fonger à l'abandonner en face des
prédicateurs d'indulgences qui vendaient à prix
d'argent la rémiffion du parricide & de l'incefte.
Auffi écrivait-il au cardinal de Mayence : « C'eft
« agir en chrétien que d'être favorable à Luther
« s'il eft innocent; s'il eft dans l'erreur, il faut le

[1] « Erafme garda autour de lui & jufqu'au dernier jour tout ce
« qu'il y avait d'hommes fenfés, tolérants, défintéreffés, entre les
« catholiques immobiles & les réformateurs déclarés. » (D. Nifard, *loc. cit.*, p. 108.)

« guérir & non le perdre. » Il glorifiait dans Luther « un cœur qui femble contenir des étin- « celles très-brillantes de la doctrine évangélique. » Il réclamait avec force contre la conduite des éternels provocateurs de révolution. « Au lieu de « l'avertir & de l'inftruire, des théologiens, qui ne « l'ont ni compris ni lu, le dénoncent au peuple « avec des clameurs infenfées & le déchirent par « les plus violentes attaques, n'ayant à la bouche « que les mots d'héréfie, d'hérétiques, d'héréfiar- « ques, de fchifme & d'antechrift. On condamne « comme hérétique dans Luther ce qu'on trouve « orthodoxe & même pieux dans faint Bernard « & faint Auguftin. »

En cette même épître au cardinal de Mayence, Érafme s'élevait contre les abus qui avaient exaf- péré Luther : « Ce font fans doute tous ces excès « qui ont touché l'âme de Luther & lui ont donné « le courage de s'oppofer à l'infupportable effron- « terie de certains hommes. Peut-on foupçonner un « autre motif chez celui qui n'ambitionne pas les « honneurs & ne convoite pas l'argent. S'il a man- « qué de mefure dans fes écrits, il ne faut en accufer « qu'un état de chofes où tout refpire le lucre, la « flatterie, l'ambition, le menfonge, l'impofture...

« Parmi ceux qui excitent le Pape contre Luther, « il en eft qui n'ont en vue que le gain, la gloire, « la vengeance; qui voient avec chagrin les bonnes « lettres refleurir, & qui veulent les étouffer en « confondant Erafme & Luther. Tout ce qu'ils ne « comprennent pas, eft à leurs yeux héréfie : favoir « le grec, héréfie ! parler avec élégance, héréfie ! »

Plus tard, accufé d'avoir trop encouragé Luther, il difait hardiment & fincèrement : « J'ai favorifé « en lui le bien & non le mal, ou plutôt j'ai

« favorifé en lui la gloire du Chrift. » Il ajoutait
avec clairvoyance & fermeté que les perfécutions
ne feraient rien contre Luther; qu'elles lui attire-
raient au contraire les fympathies des âmes rebelles
au déploiement de la force : « Les efprits libres
« & généreux aiment à être enfeignés, mais ne
« veulent pas être contraints. »

A peu de diftance, il écrivait à un de ces prélats
qui euffent été dignes de pratiquer la politique
d'apaifement, hommes de la Renaiffance dont la
race difparut dans les guerres fratricides & les
recrudefcences de fanatifme : « Ce ferait être
« impie que de ne pas fe montrer favorable à la
« dignité du pontife romain; mais plaife à Dieu
« qu'il fache combien lui nuifent certaines gens
« qui s'imaginent le défendre admirablement !..
« Croyez-moi, rien n'a plus recommandé Luther à
« l'affeétion du peuple que les clameurs infenfées
« de ces hommes devant la foule... Les cris & la
« terreur peuvent comprimer le mal pour un temps,
« mais bientôt il éclatera plus terrible encore. »

Erafme voulait refter catholique; mais il comprenait & faifait comprendre que les vrais auteurs
du fuccès de Luther étaient les confervateurs
aveugles ou intéreffés des abus, entraînant avec
eux dans l'abîme des cardinaux d'efprit modéré non
moins qu'un pontife, le plus expanfif & le plus
largement humain des princes de fon époque. Ils
arrachèrent à Léon X cette bulle qui étonnait
Erafme & qui exafpéra Luther. L'arrèt de la
diète de Worms trouva encore Erafme difpofé à
la conciliation & à la patience. « L'Églife penche
des deux côtés », difait-il. Il reftait au milieu,
comme le Caton dont parle Sénèque, foutenant
prefque feul la caufe éternelle de la tolérance & de

l'humanité. Ne difait-il pas encore, très-fpirituel-
lement & beaucoup plus près de la vérité qu'il ne
le penfait lui-même ; « Beaucoup fe répandent en
« injures contre Luther qui ne croient pas à l'im-
« mortalité de l'âme. »

Cette conduite fi digne & fi libérale, qui fouleva
contre Erafme le déchaînement de tous les théologiens de profeffion, ne lui concilia pas les réformateurs. Quand ceux-ci furent convaincus de ne
pas l'avoir enrôlé dans leur camp, ils l'accablèrent
d'invectives après lui avoir prodigué les préve-
nances adulatrices. Luther qui s'était écrié : « Quel
« eft le coin de terre où n'a retenti le nom
« d'Erafme? Qui ne reconnaît Erafme pour fon
« maître? » (lettre du 28 mars 1518), en vint à
dire : « Erafme de Rotterdam eft le plus grand
« fcélérat qui foit jamais venu fur la terre » & à
lui faire, par la même occafion, un reproche fan-
glant d'un préfent de 200 ducats de Hongrie,
qu'en 1525 il avait envoyé à la femme de Luther
pour fecourir le jeune & pauvre ménage. Luther
en dit bien d'autres. Ses adeptes, d'ailleurs, choifi-
rent pour attaquer Erafme avec la dernière violence
le moment où celui-ci écrivait au pape Adrien VI,
fucceffeur de Léon X, pour le diffuader des perfécutions: « Le mal s'eft trop propagé pour être
« guéri par le fer ou le feu... des conceffions
« mutuelles font néceffaires, la foi demeurant
« intacte. Il faudrait, en outre, donner au monde
« l'efpoir de voir changer certaines chofes qui pro-
« voquent des plaintes légitimes... au doux nom
« de la liberté les cœurs refpireront. »

Hutten, avant de mourir, donna le fignal des
attaques contre Erafme. Son pamphlet, publié à
Strasbourg (juillet 1522), *Expoftulatio ab Ulrico*

cum Erafmo Roterodamo, n'était rien encore auprès des libelles odieux qui devaient fe multiplier à l'adreffe d'un homme ambitieux d'impartialité. Cette impartialité irrita Luther avant de l'exafpérer. Seul Mélanchton, parmi ces réformateurs, devait comprendre & refpecter la nature de fon illuftre correfpondant; mais auffi Mélanchton était-il, malgré la fincérité de fon zèle, un efprit tout enclin à la modération & à la douceur, douceur & modération dont Boffuet lui-même a plus d'une fois rendu témoignage dans fon HISTOIRE DES VARIATIONS. Auffi Mélanchton écrivait-il à Erafme : « Ceux dont nous admirons le génie & les « travaux ne peuvent que nous être très-chers. Les « dons fupérieurs de voftre efprit me raviffent, « & ils me raviraient, quand même je réfifterais à « mon entraînement. Ne croyez donc pas qu'un « amour exceffif pour qui que ce foit me porte « jamais à devenir votre ennemi. » [1].

Zwingli traita Erafme avec dédain, Capiton avec malveillance; Œcolampade, chef de la Réformation à Bâle, homme fort inftruit, ancien ami d'Erafme, lui refta fidèle. Luther ne ceffa de « foudroyer » contre lui, comme eût dit Boffuet (*Hiftoire des Variations*, à propos de Guftave-Adolphe), quand il l'eut rencontré comme antagonifte. Déformais cet Erafme que l'on avait careffé fi tendrement, n'eft plus qu'un ferpent & une vipère, un païen, un Momus, l'ennemi le plus décidé qu'ait eu Jéfus-Chrift, l'image fidèle & complète d'Epicure & de Lucien, un grand bouffon & un miférable. (*Propos de table.*) L'occafion qui provoqua cette

---

[1] Mélanchton difait de lui-même : « Je fuis comme Daniel parmi les lions. »

tempête d'invectives fut la publication du *Libre Arbitre* d'Erafme répondant au *Serf Arbitre* de Luther. Qu'ils fuffent ou non dans la tradition de faint Paul & de faint Auguftin, les réformateurs, en fupprimant le libre arbitre de l'homme qu'ils foumettaient à une forte de fanatifme, étaient fur ce point plus exclufifs, plus rétrogrades, plus hoftiles à la liberté humaine que leurs plus fanatiques adverfaires. Ce libre arbitre, qu'attaquent avec tant d'acharnement les écoles matérialiftes du xix⁰ fiècle, eft la pierre angulaire de l'indépendance ; la doctrine oppofée confacre toutes les tyrannies, en ce monde auffi bien que dans le monde invifible. En effet, à quoi bon changer l'ordre des chofes, s'il eft inévitable & providentiellement décrété ? L'homme n'a plus qu'à s'abandonner à la paffivité orientale : heureufement, par une de ces glorieufes inconféquences dont l'hiftoire abonde, les Proteftants, comme les Grecs l'avaient fait jadis, ont réagi dans l'action contre une doctrine dout les Mufulmans ont été toujours les adeptes & définitivement les victimes. Erafme ne fe déclara pas moins dans cette circonftance l'interprète de la philofophie & le défenfeur de la liberté.

Ces luttes théologiques, qui devinrent des guerres civiles, firent beaucoup fouffrir Erafme. Le ravage des monuments, les exçès mutuels & les repréfailles alternatives, le délaiffement jeté fur les études & les lettres, tous ces maux lui apparaiffaient inévitables dans une de ces finiftres faifons où le bruit des clairons étouffe la voix des Mufes. Ce fut au milieu de ces angoiffes qu'en 1536 il mourut à Bâle. Il fuccombait à une maladie articulaire. Les affres du mal ne lui ravirent ni

fon enjouement ni fa bonne grâce; il refta jufqu'à
fa mort le privilégié du fourire.

Telle fut la vie d'Erafme : nous avons encore à
caractérifer fon œuvre en traits rapides.

Il y eut bien des hommes dans Erafme, & la
multiplicité de fes dons atteftée par la diverfité de
fes ouvrages a juftifié l'admiration de fes contemporains. Pédagogue, humanifte, exégète, polémifte,
théologien, philofophe, réformateur, au befoin,
il cueillit tous les fruits, il remporta toutes les
palmes. Maître & novateur en pédagogie, comme
devaient le faire après lui Rabelais & Montaigne,
il protefta contre le mode d'éducation alors ufité
dans les colléges qu'on eût pu, fans exagération,
comparer à des officines de tourments. Il vit les
pédants faire métier de bourreaux, les corrections
corporelles, un des dogmes de cette époque, tranf-
formées en fupplices arbitraires. Aux plus légères
fautes, les plus rigoureux châtiments : tel était le
vice de ce fyftème que la Révolution feule devait
abolir dans nos colléges, & qui n'a pas difparu
dans les écoles des autres nations. Qu'en réful-
tait-il le plus fouvent ? Des abaiffements ou des
révoltes également funeftes. « Eft-ce par ces pré-
ludes, s'écriait-il avec raifon, que l'on commence
l'étude des arts libéraux ? Initiation plus digne
d'un marchand d'efclaves & d'un corfaire que d'un
enfant deftiné au culte facré des Mufes & des
Grâces. » Contre cette race de fouetteurs acharnés,
l'auteur du traité *De Pueris inftituendis* jeta le cri
d'alarme. Si les principaux intéreffés, les pères
& les mères, ne l'entendirent pas alors, ce ne fut
point la faute d'Erafme. Trois fiècles furent néceffaires pour faire entendre que des punitions, tout
au plus applicables à des enfants en bas âge

& mitigées par la bénignité des parents, devenaient forcément dégradantes & cruelles quand elles étaient laissées à la discrétion des étrangers. Quant aux méthodes d'enseignement, aussi arbitraires que compliquées, même torture pour les jeunes esprits. Dans cet enseignement, encore pénétré de la barbarie gothique, rien n'était substantiel & vivant, tout semblait mort et desséché. Le mauvais latin du moyen âge prévalut au détriment des grands auteurs qui ont donné à la langue de Rome la précision parfaite & la superbe sonorité. Et d'ailleurs, les écoles elles-mêmes, presque exclusivement confiées à des moines, étaient-elles bien organisées ? Erasme n'y voit que ténèbres & pharisaïsme ; pour bien instruire & moraliser la jeunesse, il rêve déjà ce qui, malgré des imperfections trop nombreuses, subsiste au contentement de tous les bons esprits, l'école publique, l'école de l'État. Là, du moins, on n'introduira pas dans les âmes « la bassesse, la servilité, l'arrogance, la fausseté, les détours ». Ne croirait-on pas entendre un de nos contemporains, & n'est-ce point l'autorité d'un grave témoin dans le débat que soulèvent deux méthodes contraires & deux enseignements rivaux ? Il serait cependant injuste de méconnaître que les premiers progrès en fait de pédagogie, instruction & éducation, sont venus d'une société monastique, la congrégation de l'Oratoire, plus libérale en son temps que l'Université ou que l'ordre des Jésuites[1]. A l'éducation congréganiste de son époque, Erasme oppose un plan tout nouveau qui contient des parties vraiment modernes. Il voudrait ainsi commencer l'édu-

[1] Voir le remarquable livre de M. H. Lantoine, sur l'enseignement secondaire en France au XVIIe siècle.

cation par ce que nos contemporains appellent
des « leçons de chofes », en mettant fous les yeux
des tendres enfants des repréfentatious fenfibles de
ce qu'on leur enfeigne. Langues, fables, géogra-
phie, voilà pour lui les études initiales. Il rejette
plus loin la grammaire, avec quelle intelligence
des aptitudes & des répugnances de l'enfant! S'il
fut moins heureux dans fes tentatives pour réformer la prononciation des langues anciennes[1], dans
fon traité fur la manière d'étudier où fe font glif-
fées des erreurs, partout il a répandu des vues
neuves & juftes. C'eft ainfi qu'il avait bien raifon
de vouloir reftreindre à un petit nombre d'auteurs
les explications dans les claffes. La variété des
textes d'explication, foit dans les exercices oraux,
foit fous forme de verfions, me femble contraire
à la faine intelligence du grec & du latin. Il nous
a toujours paru, dans notre expérience profefforale,
qu'un élève fortant du lycée avec une pleine connaiffance en grec d'Homère, de Sophocle, de deux
difcours de Démofthène, de quelques dialogues de
Platon ; & en latin d'Horace, de Virgile, du *Con-
ciones* & des principales harangues de Cicéron,
ferait beaucoup mieux muni que l'écolier fatigué
par toutes les explications & verfions difféminées
& qui font paffer fous fes yeux, comme en un
kaléidofcope, tous les ftyles & toutes les manières.
A un enfeignement fupérieur ralliant l'élite des
jeunes gens & contraignant les recrues des profef-
fions libérales à une préparation férieufe feraient
réfervés Thucydide, Ariftophane, Lucrèce, Tacite.
Viendraient à la fin, pour des efprits formés & aguer-

---

[1] Confulter à ce fujet un des appendices de l'*Hellénifme en
France*, par M. Émile Egger. (Tome II, p. 450.)

ris, des excurfions dans tout l'hellénifme & dans toute la latinité. Erafme eut encore raifon de vouloir infufer la morale dans l'inftruction; nous croyons que de nos jours on ne donne pas affez de place aux exemples, aux préceptes, à la partie gnomique de l'enfeignement. C'eft encore les *Selectæ* & l'hiftoire ancienne bien commentés qui ont formé le plus d'honnètes gens & d'utiles citoyens. Les bons modèles préviennent les mauvais exemples. Ne pas féparer la culture morale de l'enfeignement proprement dit, fut toujours le fouci des maîtres dignes de ce nom. Mais ces maîtres n'exiftaient pas au temps d'Erafme, & il a été glorieux pour notre pédagogue d'éveiller l'attention fur ce point & de fufciter cette vocation du bien qui fignalera les Rollin & les Lhomond.

Humanifte, Erafme fut « le propagateur & le vulgarifateur de la Renaiffance ». Tel eft le titre d'un chapitre intéreffant dans l'ouvrage de M. Durand de Laur. Il fut de ceux qui allèrent droit à la fcolaftique & lui portèrent le coup mortel. Et, pour fon compte, reprenant le flambeau qu'avaient allumé les difciples italiens de Pétrarque & de Boccace & les Grecs fugitifs, il en éclaira toutes les nations de l'Europe. Il fut l'Argyropoulos, le Chalcondyle, le Politien du Nord. Le fuccès de fes écrits propagea, dans toute cette région centrale & feptentrionale de l'Europe, le goût, le zèle, l'émulation des Anciens. Ses *Adages* répandirent l'efprit antique; fes *Apophtegmes* difperfèrent en quelque forte, comme une femence féconde, l'âme de l'honnête & pure antiquité. Que d'opufcules dépofitaires de la douceur grecque & de la probité latine! Mais, après ces opufcules, faluons une « œuvre », les *Colloques*, où font traitées bien des

queftions encore actuelles, encore vivantes, & pour
lefquelles nous pouvons conftater avec regret que
les folutions érafmiennes font encore loin d'être
adoptées. Déclamations & dialogues fe fuccédèrent
pour porter au loin le génie & la fortune de la
Renaiffance, comme ces navires d'ivoire auquels
Henri Eftienne comparait les antiques retrouvés. .
Les nombreufes traductions publiées par Erafme
ne contribuèrent pas moins à cette propagande en
faveur des études grecques[1], c'eft-à-dire des études
humaines. Euripide, Lucain, Plutarque, furent
les favoris de fon activité laborieufe : le pathétique attendriffant les cœurs, l'ironie dégageant
les efprits, la morale qui raffermit les âmes, Erafme
ne pouvait choifir trois meilleurs exemplaires de
l'antiquité pour cette fociété qui eût été toute à
refaire fur un plan hellénique ou latin. Dans cette
diffufion des bonnes lettres, Erafme ne s'arrêta
pas. Quand il ne traduifait point ou qu'il ne com-
pofait plus, il pourfuivait des manufcrits, réta-
bliffait des textes, preffait le zèle des imprimeurs.
Et que d'éditions publiées par fes foins ! Il faudrait
un catalogue, là où nous ne pouvons que donner
des indications caractériftiques.

Exégète, Erafme multiplie les travaux utiles fur
les Écritures & les Pères. Les Écritures excitaient
la défiance des gardiens de l'orthodoxie. Au
moment où parut Erafme, elles étaient fingulière-
ment délaiffées. Ce n'était pas à leurs antiques
fources qu'allaient puifer les difputeurs de la fco-

---

[1] Toutes ces queftions relatives aux études grecques, comme
à l'influence des lettres grecques fur notre littérature, n'ont été
définitivement élucidées & traitées à fond que dans l'excellent
ouvrage de M. Émile Egger, l'*Hellénifme en France*, déjà cité
dans notre introduction.

laftique. « Quelle différence entre le langage des Apôtres, s'écriait Erafme, & celui des difciples de faint Thomas! » D'ailleurs, il n'était pas rare de voir, felon le témoignage d'Erafme, des jeunes bacheliers en théologie, rompus aux difficultés de la fcolaftique, & qui n'avaient pas encore lu les Épîtres de faint Paul ni même l'Évangile. Auffi, plus chrétien que ne l'avaient été les hommes du moyen âge, Erafme ne fe laffa pas de faire connaître, au moyen de paraphrafes, les textes de l'Ancien & du Nouveau Teftament. Pour ces paraphrafes adaptées aux Épîtres, aux Évangiles, aux Actes des Apôtres, il s'appuya fur les glofes des Pères de l'Églife. Il appliqua la même méthode à un certain nombre de Pfaumes. Plus importants furent fes travaux fur les Pères. Sa vie, fi occupée par tant d'autres publications, fuffit à éditer faint Jérôme, faint Cyprien, faint Hilaire, faint Irénée, faint Ambroife, faint Auguftin, faint Chryfoftôme, & en partie Clément d'Alexandrie & faint Athanafe. Tous ces travaux non-feulement obtinrent une grande réputation, mais encore provoquèrent chez les catholiques un certain retour vers l'Écriture & les Pères. A la fuite du concile de Trente, la réforme intérieure, qui s'effectua, donna raifon à la tentative d'Erafme : Boffuet, Fénelon & Fleury, par leur connaiffance des Écritures, furent en quelque forte fes difciples.

Nous pourrions encore vous montrer Erafme devancier de Fénelon & de Boffuet, en réclamant une nouvelle méthode de prédication. Cet homme d'un bon fens affuré comprit encore, le premier, qu'il fallait dans la chaire facrée fubftituer la parole de l'Évangile à toutes les bizarreries pédantefques des fermonnaires qui parlaient de tout,

excepté du Chrift, comme leurs confrères les fcolaftiques. Mais nous avons hâte de rappeler quel
polémifte fut Erafme, héritier de Lucien, précurfeur de Pafcal. Son principal écrit en ce genre,
l'*Éloge de la Folie*, vous fera fentir, je le voudrais
au moins pour mon honneur d'interprète, ces
traits, ces pointes, ces aiguillons d'une des iro-
nies les plus perçantes qui fe foient jamais exercées
contre la fottife & l'ignorance. Mais énonçons fes
titres de fatirique. Le livre des *Anti-Barbares* eft
encore confacré à flageller la cuiftrerie fcolaftique
& l'ânerie monacale. Sous couleur de renaiffance,
vous l'avez vu, des pédants fe gliffent dans le parti
des humaniftes, dans le camp de l'érudition. Vite
Erafme de leur décocher fon opufcule du *Cicéronien* à l'adreffe des imitateurs outrés de Cicéron,
portant l'enthoufiafme & l'idolâtrie au point où
l'homme ceffe, où le finge commence. Mais
qu'étaient ces Cicéroniens houfpillés par Erafme,
fi grand tumulte qu'ils aient foulevé contre le
polémifte, à côté de tous ces bénéficiaires d'abus,
de tous ces moines qu'Erafme entreprit de démaf-
quer ? Erafme, en toute occafion & particulièrement en fon *Manuel du Soldat chrétien*, intente
au clergé de fon temps le reproche de faire confifter la religion en pratiques & obfervances plus
que judaïques. C'eft là que, fans répéter l'invocation des faints, il allume fa verve contre les hommages idolâtriques dont on déifiait les faints, fous
prétexte de les honorer. Auffi que de murmures,
que de cris chez tous les pfeudo-chrétiens de
l'époque ! Combien de gens à qui la religion était
auffi indifférente qu'inconnue, mais pour lefquels
toucher aux fuperftitions femblait un attentat
irrémiffible ! Quel blafphème, quel crime ! On le

fit bien voir à Erafme. Ce livre néanmoins trouva des partifans réfolus dans la favante minorité qui eût réformé le catholicifme, fi la majorité confufe & bruyante eût laiffé fe produire ces fages améliorations. Dans cette polémique du *Manuel chrétien* & de l'*Éloge de la Folie*, Erafme fut à certains titres le précurfeur de Luther, mais uniquement comme l'avaient été faint Bernard, Gerfon, d'Ailly, Clémengis, grands dénonciateurs des fcandales de l'Églife. Il eût fait porter fes corrections de détail fur les abftinences, les jeûnes, le célibat des prêtres, les indulgences ; fes reftrictions fur l'infaillibilité du pape : mais, plutôt réformateur que révolutionnaire, il dut fe refufer à fuivre plus loin Martin Luther. Eut-il raifon ou tort de s'arrêter en chemin ? nous avons pofé le problème plus haut fans nous fentir vraiment compétent pour le réfoudre. Il ne s'agit pas moins que d'un changement de direction pour le genre humain : pour foutenir & mener à bout de telles hypothèfes, ce n'eft pas trop du favoir & de la force d'efprit d'un Renouvier.[1] Quoi qu'il en foit, Erafme voulut refter un novateur catholique. Voilà pour la forme : ce fut furtout un « philofophe chrétien », comme il le difait de lui-même. « *Erafme eft avant tout pour lui.* » Ce font les paroles d'Hutten dans les *Epiftolæ obfcurorum virorum*. Luther ne s'y eft pas trompé : dans le défenfeur du libre arbitre & l'apologifte des païens, dans celui qui s'écriait: « Saint Socrate! priez pour nous », il a flairé le philofophe : fa haine a vu jufte[2]. Erafme tenait à l'unité catholique; au fond il était plus près des déiftes du xviiie fiècle que de

---

[1] Voir l'*Uchronie*, le récent & favant ouvrage de ce philofophe.

[2] Dans fon livre des *Anti-Barbares*, Erafme difait encore : « Si certains païens ne font pas fauvés, perfonne ne l'eft. »

ſes contemporains. Peut-être auſſi ne s'en rendait-il pas bien compte ; mais ſon éloignement pour le luthéraniſme tint ſurtout à l'averſion des nouveaux-venus pour la tolérance & la liberté religieuſe qu'ils avaient revendiquées ſi juſtement. Goût de la liberté, inſtinct de la tolérance, tel eſt au contraire le double caractère auquel nous reconnaiſſons les véritables fils de cette grande & glorieuſe Renaiſſance. Ils ont porté l'humanité dans leur cœur ; ils en ont exprimé l'âme encore confuſe dans leurs écrits & dans leurs œuvres de toutes ſortes. Tous ſe ſont rencontrés dans un déſir manifeſte d'établir ſur un terrain neutre une univerſelle alliance des eſprits éclairés, une vaſte communion des intelligences, une république européenne des arts & des lettres. Coſmopolites par la penſée, ils ont pu dire, à la manière de Sénèque : « La patrie de mon « intelligence n'eſt ni Ephèſe, ni Alexandrie, ni « une ſecte, mais l'infinité de l'univers. » Perſonne n'a été plus loin qu'Eraſme dans cette généreuſe ambition d'étendre, de reculer le plus poſſible les limites du ſavoir, de l'art, de la ſympathie : voilà pourquoi Eraſme ·& ſes plus illuſtres contemporains nous apparaiſſent naturellement tolérants & humains. La vraie bonté, plus rare que le génie même, plus durable que toute autre gloire, fut le ſigne de cette famille d'eſprits ſublimes & doux. *In hoc ſigno vicerunt.*

EMMANUEL DES ESSARTS.

PRÉFACE

Erafme de Rotterdam à Thomas Morus, fon ami

SALUT

ES jours derniers je revenais d'Ita-
lie en Angleterre : pour ne pas
confumer tout le temps où j'ai dû
voyager à cheval dans des con-
verfations étrangères aux lettres & aux Mufes,
j'ai mieux aimé avec moi-même quelquefois
repaffer dans mon efprit nos études communes
ou jouir par la penfée des doctes & délicieux
amis que j'ai laiffés ici. Au premier rang,
tu m'apparaiffais, mon cher Morus : abfents
tous deux l'un pour l'autre je me plaifais à
ton fouvenir comme je m'étais complu dans
nos habitudes de préfence mutuelle & fami-
lière, la plus fuave des douceurs que j'aie
goûtée de ma vie.

Ainsi déterminé à faire quelque chose ; comme ce temps ne paraît pas approprié à de sérieuses méditations, j'ai jugé bon de me divertir à l'éloge de la Folie. Quelle est la Pallas qui t'a mis cela en tête ? me diras-tu. D'abord elle m'a rappelé que ton nom de famille (Morus) est aussi près du terme de Moria que tu en es loin en réalité. Nul même au jugement universel n'en est plus loin que toi. Je me disais ensuite que ce jeu d'esprit serait tout à fait de ton goût, vu que tu te délectes à des badinages de même sorte qui n'ont rien de contraire à la science, si je ne me trompe, & qui ne sont pas dépourvus de sel ; je savais que dans la vie commune tu fais le personnage de Démocrite. Aussi bien, à cause de la rare perspicacité de ton esprit qui établit tant de différence entre toi et le vulgaire, de même pour l'incroyable douceur & facilité de tes mœurs, tu peux avec tous te faire « l'homme de toutes les heures » & tu y trouves ton plaisir.

Ainsi non-seulement tu accueilleras de bonne grâce cette petite déclamation comme un souvenir de ton ami, mais tu la prendras sous ton patronage comme t'étant dédiée & désormais appartenant non plus à toi mais à moi. En effet il ne manquera pas de chicaneurs pour dire calomnieusement que ce sont des plaisan-

teries trop frivoles pour ma théologie & d'autre part des jeux trop mondains pour la modeſtie chrétienne ; ils crieront que nous ramenons l'Ancienne Comédie & que nous rappelons Lucien en portant partout nos morſures. Cependant, pour ceux que la légèreté & le plaiſant du ſujet peut choquer, ils devraient ſonger que je ne prends pas l'initiative mais ſuis un exemple fréquemment mis en pratique. Voilà bien des ſiècles qu'Homère s'eſt joué dans la Batrachyomachie, Virgile dans le Moucheron & le Moretum, & Ovide à propos de la noix. Polycrate a fait le Buſiris qui devait être réfuté par Iſocrate ; Glaucon a loué publiquement l'injuſtice, Favorinus Therſite & la fièvre quarte ; Synéſius la calvitie ; Lucien la mouche paraſite. Sénèque a exercé ſa verve ſur l'apothéoſe de Claude ; Plutarque ſur le dialogue d'Ulyſſe & de Gryllus ; Lucien & Apulée ſur l'âne & je ne ſais qui a laiſſé le teſtament d'un porc dont témoigne ſaint Jérôme.

Donc, ſi l'on veut, que ces gens-là ſuppoſent que j'ai joué aux échecs ou, s'ils l'aiment mieux, que j'ai chevauché ſur un long bâton. En effet, toute condition admettant un relâchement, il ſerait injuſte de n'accorder aucune récréation à l'étude, ſurtout ſi la récréation mène à un travail ſérieux & ſi de ces badi-

*nages le lecteur au nez fin retire plus de pro-
fit que de matières ardues ou éclatantes. Tel
orateur par exemple, dans un difcours fait
de pièces & de morceaux, déroule l'éloge de
la rhétorique & de la philofophie ; tel autre
déploie le panégyrique d'un prince; un autre
exhorte à la guerre contre les Turcs ; tel
autre prédit l'avenir; un autre enfin combine
des queftions fur la laine des chèvres. D'ailleurs, comme rien ne fent plus le fot badin
que de traiter fur le ton du badinage un fujet
férieux, de même rien n'eft plus délicat que
de traiter la bagatelle de manière à ne pas
trahir même l'apparence d'avoir badiné. C'eft
au public qu'il appartient de trancher la queftion : cependant, fi l'amour-propre ne m'abufe
pas, j'ai fait l'éloge de la Folie, mais non pas
comme un fol.*

*Pour répondre au reproche d'efprit mor-
dant, je foutiens que toujours on eut licence
de fe moquer de l'ordinaire de la vie humaine,
pourvu que cette licence ne dégénérât pas en
rage fatirique. J'admire donc combien de
notre temps les oreilles font délicates qui ne
peuvent fupporter que des titres folennels.
C'eft ainfi que nous voyons certaines gens
prendre la religion tellement à rebours qu'ils
tolèrent plutôt les plus graves blafphèmes
contre le Chrift que les plus légères plaifan-*

teries à l'endroit du Pontife & du Prince,
furtout pour ce qui regarde la farine.

Mais, dites-moi, celui qui reprend le genre
humain fans s'attaquer à perfonne nominativement, je me demande fi l'on doit le traiter de
fatirique & s'il n'eft pas plutôt un précepteur
& un cenfeur. Autrement je tomberais moi-
même fous le coup de mes fatires. En outre
celui qui ne laiffe paffer aucune catégorie d'individus, celui-là montre qu'il n'en veut à
aucun homme, mais à tous les vices en général. Si quelqu'un donc fe trouve offenfé dans
ce difcours, c'eft qu'il trahira une mauvaife
confcience ou du moins certaines alarmes. En
ce genre faint Jérôme s'eft joué avec beaucoup plus de mordant & de liberté, n'épar-
gnant pas les noms propres. Et nous qui nous
abftenons d'en citer aucun, nous avons de
plus tellement modéré notre ftyle que tout
lecteur intelligent doit aifément comprendre
fi nous avons cherché le divertiffement plutôt
que le plaifir de mordre. En effet, nous n'avons
pas été, comme Juvénal, remuer la fentine
fecrète des crimes, vifant à dénombrer les
objets de rifée plutôt que les objets d'horreur.
En fin de compte, s'il y a des perfonnes que
ces raifons ne puiffent défarmer, qu'elles fe
fouviennent que c'eft un honneur d'être blâmé
par la Folie & qu'en la mettant en fcène,

nous avons dû garder le ton qui lui revient. Mais à quoi bon tous ces arguments devant un avocat tel que toi, capable de patronner même les causes qui ne sont pas des meilleures. Adieu donc, éloquent Morus, & défends avec tous tes soins ta Moria.

A la campagne, ce 10 juin 1508.

L'ÉLOGE DE LA FOLIE

DÉCLAMATION

C'eſt la Folie qui parle

E ſuis pour les mortels un ordinaire ſujet d'entretien & je n'ignore pas le mauvais renom de la Folie, même chez les plus fous. Et pourtant c'eſt moi ſeule, moi ſeule, je le déclare, qui, par une divine influence, mets en hilarité les dieux & les hommes. En voulez-vous une preuve ? A peine ai-je paru dans cette nombreuſe réunion, tout à coup ſur tous les viſages une nouvelle, une inſolite allégreſſe eſt venue éclater : tout à coup vous avez déridé vos fronts & donné des marques de gaîté par la bonne grâce du rire : ſi bien que vous tous, tant que vous êtes, en ma préſence, m'apparaiſſez comme des dieux d'Homère émus d'une ivreſſe où le nectar ſe mélange au népenthès, tandis qu'avant ma venue vous reſtiez mornes & ſoucieux. On eût dit que vous reveniez de l'antre de Trophonius, comme il arrive dans la nature, quand le ſoleil vient montrer à la terre ſon beau viſage d'or, ou quand, après l'âpreté de l'hiver, le printemps renouvelé ſouffle avec la douceur des zéphirs & que tout revêt une forme neuve, que tout prend de nouvelles couleurs & comme une ſorte de rajeuniſſement : de même à ma vue votre face s'eſt métamorphoſée. Ainſi ce qu'ailleurs des rhéteurs puiſſants peuvent à peine obtenir par des harangues longues & méditées, c'eſt-à-dire la diſperſion des ſoucis de l'âme, je l'ai produit rien qu'à mon aſpect.

Je veux bien pourtant vous dire pourquoi je me préſente dans cet appareil inaccoutumé, s'il ne vous en coûte point de me prêter votre attention, non pas celle que vous donnez aux ſermonnaires, mais bien aux orateurs de place publique, aux bouffons & aux charlatans, celle que jadis notre Midas a départie au dieu Pan. Il me plaît de faire auprès de vous le ſophiſte, non certes à la manière de ces gens qui de nos jours inculquent à l'enfance des niaiſeries épineuſes & lui communiquent une manie d'ergoter plus que féminine. Non ! j'imiterai ces

anciens qui, pour éviter l'appellation de Sages,
infâme à mon avis, ont préféré ce nom de
fophiftes. Leur office favori confiftait à célébrer
en des panégyriques les louanges des dieux
& des héros. Vous entendrez donc un éloge
non d'Hercule, mais de moi-même, c'eft-à-dire
l'éloge de la Folie.

Pour ma part je ne fais aucun cas de ces
Sages qui traitent de fot & d'infolent quiconque
fe loue lui-même. Que ce foit acte de bizarrerie,
s'ils le veulent, pourvu qu'ils nous accordent la

logique de cet acte. En effet, quoi de plus conféquent que la Folie faifant retentir fes mérites
fur la trompette & fe fervant à elle-même de
joueüfe de flûte? Qui m'exprimera mieux que
moi-même? Puis-je être auffi bien connue
d'autrui qu'à ma propre appréciation?

Et même en cela j'agis plus modeftement que
ne fait la foule des grands & des fages qui, par
une dépravation de l'honneur, loue à prix d'argent un rhéteur patelin ou un poëte aux vaines
paroles & les engage pour recevoir des louanges menfongères de fa bouche : & pourtant ces
gens-là relèvent leur plumage à la façon d'un
paon, dreffent leurs crêtes, cependant que l'adu-
lateur effronté compare des hommes de rien
aux divinités, les propofe comme des modèles
parfaits de toutes les vertus, dont il fait à quel
point ils font éloignés, & de cette façon habille
la corneille de plumes étrangères & travaille
à blanchir la peau de l'Ethiopien, comme à
transformer la mouche en éléphant. Enfin, je
m'attache au proverbe vulgaire : « On fait bien
de fe louer foi-même, quand on n'a pas d'autre
louangeur. »

Cependant j'admire par moments l'ingratitude & l'indifférence des hommes à mon égard :
tous m'honorent & me cultivent; tous fe reffentent volontiers de mes bienfaits. Perfonne
pourtant, depuis que le monde eft monde, ne

s'eſt offert pour célébrer les louanges de la Folie dans un hymne de reconnaiſſance; perſonne, tandis que les panégyriſtes n'ont manqué ni à Buſiris, ni à Phalaris, ni à la fièvre quarte, ni à la mouche, ni à la calvitie, ni à tous les fléaux qui ont trouvé des gens pour leur conſacrer & leur huile & leurs veilles.

Je ſerai donc réduite à faire mon propre éloge en un diſcours de pure improviſation & de nul travail, mais d'autant plus véridique. Car je ne voudrais pas que vous cruſſiez ce diſcours fait pour l'oftentation de mon efprit, comme c'eft l'ordinaire pour la foule des orateurs. Vous connaiffez en effet ces individus qui, livrant au public une compofition élaborée pendant trente ans & parfois de fource étrangère, affirment cependant qu'ils n'ont mis que trois jours à l'écrire ou à la dicter, même en façon de divertiffement. Pour moi mon plus grand plaifir a toujours été de dire ce qui me vient fur la langue.

Mais que perfonne n'attende de nous que, felon la banale méthode des rhéteurs, je me faffe connaître par une définition, encore moins par une divifion du fujet. Car ce ferait d'un mauvais augure ou de renfermer dans des bornes celle dont la divinité s'étend au loin ou de divifer celle dont le culte obtient le confentement de tout le genre humain. D'ailleurs à quoi fervirait-il de vous peindre mon ombre & mon image dans une définition, quand vous me voyez devant vos yeux telle que je fuis ?

Je fuis, comme vous me voyez, cette franche donneufe de biens que les Latins appellent *Stultitia,* les Grecs *Moria.* Était-il même befoin de le dire ? mon vifage, mon front ne me dénoncent-ils pas ? Si quelqu'un s'avifait de me prendre pour une Minerve ou une Sageffe, ma vue fans la moindre parole ne réfuterait-elle

pas fon erreur ? Ma face n'eft-elle point un miroir peu trompeur ? Chez moi nulle place pour le fard ; je n'ai pas un mafque fur le front, une arrière-penfée dans le cœur ; je fuis partout femblable à moi-même : fi bien que mes adeptes, quand ils revendiquent pour eux l'appareil & le nom de la Sageffe, ne peuvent me diffimuler : ce font finges fous la pourpre & ânes fous la peau du lion ; malgré tout leur foin à contrefaire, leurs oreilles proéminentes fignalent en eux des Midas.

Déplaifante engeance du refte que ces perfonnages qui, tout en étant de notre parti, devant le public rougiffent tellement de notre nom qu'ils l'objectent aux autres comme un opprobre. Auffi ces gens-là, fous fieffés, qui voudraient paraître des fages & des Thalès, doivent être à bon droit traités comme des compofés de fage & de fou. On a jugé même à propos dans le temps préfent d'imiter les rhéteurs qui fe croient des dieux, s'ils montrent deux langues ainfi que les fangfues, & regardent comme un bel exploit d'entremêler comme en une marqueterie dans leurs difcours latins quelques mots de grec, même quand il n'y a pas lieu. Si donc les langues exotiques manquent à ces gens-là, des parchemins poudreux ils vont tirer quatre ou cinq mots furannés dont ils offufquent le lecteur comme de ténè-

bres : de telle façon ceux qui comprennent
s'applaudiffent de plus en plus ; ceux qui ne
comprennent rien admirent en proportion de
leur entendement ; car c'eft pour nous autres
Fous un plaifir qui n'eft pas fans charme de
regarder avec ébahiffement ce qui vient de
loin. Si pourtant quelques perfonnes affectent
de certaines prétentions, vous les verrez fourire, battre des mains &, comme l'âne, remuer
les oreilles : ce qui eft pour tous les autres un
figne d'intelligence. « Et cela eft comme cela. »

J'en reviens à mon fujet. Vous favez donc mon nom, hommes... De quelle épithète me fervirai-je, finon... très-fous ! Eft-il un plus digne vocable dont la déeffe Folie puiffe défigner fes myftes ? Mais, puifque peu d'entre vous connaiffent ma lignée, je vais effayer de vous l'expofer avec l'aide des Mufes... Sachez d'abord que je n'ai eu pour père ni le Chaos, ni Orcus, ni Saturne, ni Japet, ni perfonne de cette efpèce de dieux décrépits & tombant en pouffière. Mon père c'eft Plutus, Plutus qui, n'en déplaife à Héfiode, à Homère & à Jupiter lui-même, eft le père des dieux & des hommes ; Plutus qui d'un figne, comme jadis, à fon gré mêle le facré & le profane. C'eft lui qui, de façon arbitraire, dirige les guerres, les paix, les empires, les confeils, les jugements, les comices, les hymens, les pactes, les traités, les lois, les arts, les chofes férieufes & bouffonnes, le fouffle me manque pour tout dire, enfin toutes les affaires publiques & privées des hommes. Sans fon affiftance, tout le peuple des dieux de la Fable, j'oferai même dire les grands dieux, n'exifteraient pas, ou, réduits à vivre à leurs dépens, ils feraient trifte chère. Bref, ce Plutus eft fi redoutable dans fon courroux que Pallas même n'en faurait mettre à l'abri. Quiconque au contraire le trouve propice pourrait envoyer promener Jupiter & fa foudre.

C'eft d'un tel père que je me glorifie d'être née. Or ce père m'engendra, non de fon cerveau comme la déplaifante & farouche Pallas, mais avec la nymphe Démence, la plus riante de toutes & la plus enjouée, & ils me mirent au monde non dans une mauffade union, comme ce boiteux artifan, mais, ce qui eft autrement doux, dans « les mélanges de l'amour », felon l'expreffion d'Homère. Ne vous y trompez pas, celui qui m'a engendrée n'était pas ce Plutus d'Ariftophane déjà penché vers la tombe, atteint déjà de cécité, mais le Plutus de jadis, encore en fon entier, fervent de jeuneffe, & non de jeuneffe feulement, mais bien plus encore du neftar que par hafard il avait, dans le banquet des dieux, amplement humé par larges rafades.

Me demandez-vous mon lieu natal ? Quoique ce détail de l'endroit où l'on a pouffé les premiers vagiffements me femble aujourd'hui compter pour un titre de nobleffe, je ne fuis venue au monde ni dans l'errante Délos, ni fur la mer onduleufe, ni dans les creufes cavernes, mais dans les îles Fortunées, où tout vient fans fcience & fans culture. Là plus de travail, plus de vieilleffe, plus de labeur : nulle part dans les champs d'afphodèle, de mauve, de fcille, de lupins, de fèves ou de toute autre efpèce de pauvretés femblables; mais de tous côtés au plaifir des yeux, au loifir des narines, fe jouent

le moly, la panacée, le népenthès, la marjolaine,
l'ambroifie, le lotos, la rofe, la violette, l'hyacinthe, les jardins d'Adonis.

Auffi, naiffant parmi ces délices, je n'ai nullement commencé la vie par les pleurs, mais par
un doux fourire à l'adreffe de ma mère. Je
n'envie donc pas au fouverain, fils de Chronos,
fa chèvre nourrice, quand deux nymphes des
plus aimables m'ont elles-mêmes nourri de leurs
mamelles : Méthé, fille de Bacchus ; Apœdia,
fille de Pan. Vous les voyez ici dans le cortége

de mes compagnes & fuivantes. Si vous voulez connaître leurs noms, vous n'entendrez que des mots grecs.

Celle-ci, dont vous remarquez les hauts fourcils, c'eft Philautia (l'Amour de foi); celle-là, dont vous diftinguez les yeux éclatants & les mains toujours en demeure d'applaudir, s'appelle Kolakia (la Flatterie). Cette autre à demi affoupie comme une dormeufe, c'eft Léthé qu'elle fe nomme (Oubli); celle-là, qui s'appuie fur les deux coudes avec les mains enlacées l'une dans l'autre, c'eft Mifoponia (Haine du travail); une autre, guirlandée de rofes & toute imbue de parfums, c'eft Hédoné (la Volupté); celle-là, aux yeux vagabonds & toujours en mouvement, c'eft Anoia (l'Égarement); enfin, celle dont la peau eft fi luifante & le corps fi bien à point, c'eft Trufé (la Délicateffe de la chair). Vous voyez, mêlées à ces nymphes, deux divinités dont l'une eft Comus & l'autre le Sommeil léthargique.

Avec tous ces ferviteurs & auxiliaires, je régis mon empire, moi qui commande aux monarques eux-mêmes. Vous favez maintenant ma naiffance, mon éducation, ma fuite ou mon cortége. Et pour que je ne paraiffe pas ufurper fans droit le nom de déeffe, ouvrez vos oreilles pour apprendre de combien de commodités j'enrichis à la fois les hommes & les dieux, & comme

ma divine puiſſance jouit d'une vaſte étendue.
En effet, ſi l'on a pu écrire à propos : « C'eſt
être dieu que de faire du bien aux mortels » ;
ſi l'on a reconnu un droit à être admis dans le
ſénat des dieux à tous ceux qui ont découvert
le vin, le blé ou tel autre avantage pour les
hommes, pourquoi ne paſſerais-je pas pour l'*alpha* de tous les dieux, moi qui prodigue à tous
tous les biens ?

Et d'abord lequel de ces biens peut être plus
doux, plus précieux que la vie ? N'eſt-ce pas à
moi qu'il en faut attribuer le point de départ ?
En effet, ce n'eſt point la pique de Pallas, douée
de la force paternelle, ni l'égide de Jupiter
aſſembleur de nuages, qui influent ſur la propagation humaine. Or, le père lui-même des dieux,
le ſouverain des hommes, qui d'un ſigne fait
trembler tout l'Olympe, ne ſait-on pas qu'il
dépoſe ſon foudre à trois pointes & quitte cette
face de Titan avec laquelle il effraie à ſon gré
tous les dieux, & qu'à la manière des hiſtrions
il prend un maſque étranger, s'il veut faire ce
qu'il fait ſouvent, c'eſt-à-dire l'amour ?

Voyez les ſtoïciens, ils s'eſtiment voiſins des
dieux. Mais donnez-moi un de ces philoſophes,
fût-il trois, quatre mille fois ſtoïcien ; cependant
s'il ne renonce point à ſa barbe, inſigne de
la ſageſſe, qui pourtant lui eſt commun avec
les boucs, il lui faudra quelquefois abaiſſer

fon grave fourcil, dérider fon front, écarter fes
préceptes d'airain, faire à propos le fol & le
folâtre. En un mot, tout fage qu'il eft, s'il veut
devenir père, il devra m'appeler à la refcouffe.

Et pourquoi ne vous parlerais-je pas franchement à ma manière? Eft-ce la tête, la face, la
poitrine, les mains, les oreilles, ces nobles parties du corps humain qui ont la faculté d'en-
gendrer les dieux & les hommes? Je ne le crois
pas; mais c'eft bien une partie du corps fi folle,
fi ridicule qu'on ne peut la nommer fans rire,

& qui eſt la propagatrice du genre humain, la fontaine ſacrée où tout va puiſer la vie beaucoup plus que dans le quaternaire des pythagoriciens.

Or ça, quel homme voudrait prêter ſa bouche au mors du mariage, ſi, comme les ſages ont accoutumé de le faire, il peſait d'abord les inconvénients de ce genre de vie ? Quelle femme admettrait un époux, ſi elle ſavait ou ſoupçonnait les périls de l'enfantement & les ſoucis de l'éducation ? Donc, ſi vous devez la vie au mariage, vous devez le mariage à l'Anoia (Égarement) qui vient à ma ſuite. Vous comprenez donc votre dette envers moi. Et celle qui a fait l'expérience de l'hymen reviendrait-elle à la charge, ſi la nymphe Léthé (Oubli), n'était là pour l'y aſſiſter. Vénus elle-même, en dépit de Lucrèce, n'oſerait nier que ſans notre divin ſecours toute ſa force tomberait ſans action & ſans réſultat.

C'eſt donc de nos jeux pleins d'ivreſſe & de bouffonnerie que proviennent ces philoſophes aux ſourcils froncés à qui ont ſuccédé ceux que le vulgaire appelle moines, & les rois chargés de pourpre, & les pieux eccléſiaſtiques, & les pontifes trois fois ſaints. Vient enſuite toute cette foule de dieux de la poéſie tellement fréquents que leur nombre eſt à peine contenu dans l'Olympe, ſi ſpacieux qu'il ſoit. Mais c'eſt peu que la pépinière & la source de la vie soient en moi, si je ne démontre que tous les avantages relèvent de ma dépendance.

En effet, qu'est-ce que la vie, si vous en retirez la volupté? Vous m'approuvez... Je le savais bien. Aucun de vous n'est ni assez Sage ni assez Fou à sa manière pour ne pas adopter cette maxime! Les stoïciens eux-mêmes ne déprisent pas la volupté, bien qu'ils la dissimulent avec soin & la déchirent de mille invectives devant la foule, sans doute pour en dégoûter les autres & en jouir plus à leur saoul. Qu'ils me disent donc, par Jupiter! quelle est la partie de la vie exempte de tristesse, de désagréments, de disgrâces, d'amertumes, de dégoûts, si l'on n'y insinue le plaisir, cet assaisonnement de la Folie.

Je puis en prendre à témoin Sophocle qu'on ne saurait assez louer & dont il reste un bel éloge sur notre compte : « A ne rien penser consiste le bonheur de la vie. » Cependant, reprenons tout cela en détail.

D'abord ignore-t-on que le premier âge de la vie est de beaucoup le plus riant & le plus agréable? Autrement qu'y aurait-il chez les enfants pour les couvrir ainsi de baisers & d'embrassements, & les réchauffer de soins, & pour que nos ennemis mêmes leur portent secours, si ce n'est une attrayante Folie, charme que la sage nature a su imprimer chez les nouveau-nés

afin qu'en payant les autres du plaifir qu'ils
donnent ils puffent adoucir les peines de ceux
qui les élèvent & mériter par leurs careffes les
faveurs de ceux qui les protégent? Enfuite l'adolefcence, qui fuccède au premier âge, comme
elle obtient de bonnes grâces! Comme on la
protége fincèrement, avec quel zèle on la pouffe,
comme on lui tend des mains officieufes &
auxiliaires! Mais d'où vient ce crédit de la jeuneffe, fi ce n'eft de moi? Qui lui donne ce privilége d'être enjouée & fi peu déplaifante? Ou

je fuis une menteufe, ou bientôt, quand les adolefcents ayant grandi font amenés par l'enfeignement & la pratique à une fageffe virile, tout
à coup l'on voit fe déflorer leur beauté phyfique,
leur allégreffe s'allanguir, fe refroidir leur efprit,
s'amollir leur vigueur.

Plus l'homme s'éloigne de moi, moins il jouit
de la vie, jufqu'à ce que vienne la fâcheufe
vieilleffe, qui n'eft pas feulement odieufe aux
autres mais à elle-même. Cette vieilleffe ne de-
viendrait tolérable à aucun des mortels fi, dans
ma compaffion pour tant de mifères, je ne ten-
dais la main, &, comme les dieux ont coutume
de fecourir les mourants par quelque métamorphofe, je ne rappelais, autant qu'il m'eft permis,
à l'état de l'enfance ceux qui font près de la
tombe. Auffi le vulgaire n'a-t-il pas tort d'appeler cet âge « la feconde enfance ». Comment
puis-je produire ces transformations ? je ne le
cacherai pas. C'eft à la fource de notre Léthé
(car il prend naiffance dans les îles Fortunées
& coule feulement aux Enfers comme un petit
ruiffeau) que je les amène, pour qu'ils boivent
de cette eau dont la vertu diffipe les foucis & fait
repouffer la jeuneffe. « Mais, dira-t-on, ces gens
font en délire, en pure extravagance ! » D'abord
n'eft-ce pas rajeunir ? Être enfant, n'eft-ce point
dire & faire des fottifes ? N'eft-ce point ce qui
nous plaît le plus à cet âge, l'abfence de raifon ?

Qui ne haïrait point comme un petit prodige l'enfant raifonnant comme un homme ? Je m'autorife du proverbe : « Je hais un enfant d'une précoce fageffe ! » Voudrait-on avoir un commerce ou même des relations avec un vieillard qui joindrait à une telle expérience des chofes une égale force d'efprit & une femblable vigueur de jugement ? C'eft pourquoi mes bienfaits font radoter le vieillard.

Grâce à moi, cependant, ce radoteur eft préfervé de tous ces miférables foucis qui tourmentent fon voifin le Sage. D'abord, c'eft un convive aimable. Il ne fent pas l'ennui de la vie que tolère à peine un âge plus robufte. Quelquefois il revient avec le vieillard de Plaute aux trois fameufes lettres : A M O ; bien malheureux alors s'il était fage, tandis qu'heureux par mes dons, agréable parfois à fes amis, il ne manque pas de charme, même dans un feftin. C'eft ainfi que dans Homère le vieux Neftor parle plus doux que miel, tandis qu'Achille eft tout amertume & que chez le même poëte les vieillards, affis fur les murs d'Ilion, font entendre une voix « douce comme le lis ». D'après ce raifonnement, les vieillards font plus heureux que l'enfance : l'enfance eft heureufe, mais elle n'a pas le plus grand plaifir de la vie, à favoir de bavarder. Ajoutez que les vieillards fe plaifent avec les enfants & de même les enfants avec les

vieillards. Les dieux ainſi rapprochent les ſem-
blables.

Que de rapports entre ces deux âges, ſi ce
n'eſt que le vieillard a des rides & compte un
plus grand nombre de jours de naiſſance ! D'ailleurs la blancheur des cheveux, la bouche éden-
téé, le corps voûté, le goût du lait, l'égarement,
le bavardage, la ſottiſe, l'oubli, l'indiſcrétion,
preſque tous ces traits ſe retrouvent pareille-
ment dans ces deux âges. Plus les hommes
avancent dans la vieilleſſe, plus ils reviennent
aux allures de l'enfance juſqu'à ce que, comme
les enfants, ils ſortent du monde ſans regretter
la vie & ſans craindre la mort.

Et maintenant, que l'on me juge & que l'on
compare ces bons offices avec les métamor-
phoſes opérées par les dieux. Je n'ai point à
rappeler ce qu'ils font dans leur colère, mais
pour peu qu'ils ſoient propices, ils transforment
les hommes en arbres, en oiſeaux, en cigales ou
même en ſerpents ; comme ſi ce n'était pas la
même choſe que de mourir. Pour moi, je reſti-
tue ces mêmes hommes à la partie la meilleure
& la plus heureuſe de leur vie ; ſi les mortels
s'abſtenaient de tout commerce avec la ſageſſe,
s'ils paſſaient toute leur exiſtence avec moi, il
n'y aurait pas de vieilleſſe, mais la jouiſſance
bienheureuſe d'une jeuneſſe perpétuelle.

Ne voyez-vous pas que ces hommes moroſes

enfoncés dans les études philoſophiques ou dans
les affaires ſérieuſes & ardues, ont la plupart du
temps vieilli avant d'être jeunes, & en effet les
ſoucis, l'aſſiduité & l'âpreté des penſées qu'ils
agitent épuiſent leur eſprit & tariſſent peu à peu
le ſuc de la vie. Au contraire, mes Fous ſont
bien gras, bien luiſants, bien nourris comme
des porcs d'Acarnanie : ils ne ſeraient expoſés à
aucune des incommodités de la vieilleſſe s'ils ne
participaient à la contagion des ſages, tellement
rien dans la vie humaine ne jouit du bonheur

complet. Ajoutez le témoignage, qui n'eſt pas
méprifable, d'un proverbe renommé d'après
lequel la Folie eſt la feule chofe qui puiſſe retarder la fuite de la jeuneſſe & reléguer au loin la
méchante vieilleſſe. Ce n'eſt donc pas au hafard
qu'en langage populaire on dit des Brabançons
que ſi l'âge apporte la prudence chez les autres
hommes, plus ceux-ci approchent de la vieilleſſe,
plus ils font de folies : aucune autre nation,
pour l'uſage commun de la vie, n'eſt plus aimable & ne fent moins la triſteſſe de la fénilité.
C'eſt ainſi que, du reſte, fe comportent mes Hollandais qui leur touchent de près par le voiſinage
du pays comme par l'affinité des mœurs. Pourquoi ne les dirais-je pas miens ? Ils me cultivent
avec aſſez de zèle pour qu'on leur ait donné un
furnom qui vient de moi, furnom dont ils ne
rougiſſent pas, car ils s'en vantent, au contraire.

Que maintenant les impertinents aillent évoquer les Médées, les Circés, les Vénus, les
Aurores & cette fontaine qu'ils cherchent je ne
fais où pour rendre la jeuneſſe, quand feule je
poſſède & pratique ce pouvoir. En effet je dif-
poſe de ce fuc merveilleux avec lequel la fille de
Memnon prolongea la jeuneſſe de Tithon. Je
fuis cette Vénus dont la faveur fit rajeunir
Phaon, pour qu'il pût être aimé de Sapho. J'ai
des herbes & des enchantements, une fontaine
qui non-feulement rappelle l'adoleſcence écoulée,

mais qui la perpétue. Si vous foufcrivez à cette
fentence que rien n'eft préférable à l'adolefcence,
rien plus déteftable que la vieilleffe, vous com-
prendrez votre dette envers moi qui préferve un
tel bien à l'exclufion d'un tel mal. Mais que
parlé-je encore des mortels? Paffez le ciel en
revue, & je veux bien qu'on me faffe un opprobre
de mon nom fi l'on trouve un feul dieu aimable
& digne d'eftime qui ne fe recommande de ma
divinité. Pourquoi chez Bacchus cet air conftant de jeuneffe, cette belle chevelure, fi ce

n'eſt que toujours folâtre & entre deux vins,
il paſſe ſa vie dans les banquets, les danſes, les
chœurs, les jeux, ſans avoir jamais la moindre
relation avec Pallas ? Enfin il eſt tellement loin
de prétendre à la ſageſſe qu'il ſe réjouit d'être
honoré par des bouffonneries & des jeux. Et il
ne s'offenſe pas du proverbe qui lui attribue le
ſurnom de fou, c'eſt-à-dire « plus fou que Morychos ». Auſſi lui a-t-on donné le ſurnom de
Morychos, parce qu'aſſis devant les portes du
temple il conſentait à ſe laiſſer barbouiller de
vin doux & de jeunes figues par la folâtrerie
des laboureurs. Mais alors quels traits de ſatire
la vieille Comédie n'a-t-elle pas jetés contre ce
dieu : « O le badin ! » s'écrie-t-elle, « Bien digne
de naître de la cuiſſe de Sémélé. » Or qui n'ai-
merait mieux être ce fou, ce badin toujours
enjoué, toujours jeune, ſuggérant toujours tous
les jeux & les plaiſirs que Jupiter à la penſée
ſubtile, ou ce vieux Pan qui partout propage
de ſauſſes terreurs, ou ce Vulcain couvert de
flammèches & toujours enluminé des travaux
de ſes forges, ou même cette Pallas terrible par
ſa gorgone & ſa lance & qui toujours regarde de
travers ? Pourquoi Cupidon reſte-t-il toujours
enfant, ſi ce n'eſt qu'il ſe montre plaiſant & ne
fait ou ne ſonge rien de ſage ? Pourquoi Vénus,
belle comme l'or, a-t-elle toujours la face prin-
tanière ? C'eſt ſans doute qu'elle m'eſt parente.

D'où elle emprunte sur son visage cette teinte de mon père Plutus; & c'est bien pourquoi dans Homère elle est appelée l'Aphrodite d'or. Ensuite elle rit toujours, si nous en croyons les poëtes ou les statuaires, leurs émules. Quelle divinité a été plus religieusement honorée par les Romains que Flore, mère des Voluptés?

Que d'autre part on passe aux divinités sérieuses, & qu'on cherche leur manière de vivre, dans Homère & dans les autres poëtes, on n'y trouvera que pure folie. Que sert-il de rappeler les actions des autres quand vous connaissez les amours & les jeux de Jupiter, le dieu de la foudre; quand cette sévère Diane, oubliant son père, ne fait que chasser, affolée pour Endymion? Je voudrais que leurs hauts faits leur fussent rappelés par Momus qui jadis avait coutume de les traiter de la sorte. Mais, irrités récemment, ils l'ont précipité sur la terre avec Até, sous prétexte que son importune sagesse gênait leur félicité. Aucun mortel ne donne l'hospitalité à ce pauvre proscrit. A plus forte raison n'est-il pas admis chez les princes, où pourtant ma suivante Até tient la première place. Mais elle ne s'accorde pas plus avec Momus que le loup avec l'agneau.

Donc, en son absence, les dieux s'adonnent au plaisir avec plus de licence & de douceur, « menant la vie facile », comme dit Homère,

fans aucuns cenfeurs. A quels jeux fe livre ce
Priape en bois de figuier ? Combien Mercure
ne donne-t-il pas la comédie par fes larcins
& fes preftiges ? Vulcain lui-même a fait le
plaifant à la table divine, &, tantôt par fa
démarche de boiteux, tantôt par fes quolibets,
tantôt par fes bouffonneries, il déride les auguftes buveurs. Puis vient Silène, ce vieillard
amoureux qui danfe la cordace avec les Polyphèmes ou avec les Nymphes toutes nues. Viennent les Satyres demi-boucs jouant leurs atellanes, & Pan, avec fa chanfon fans art, excite
le rire univerfel; chanfon où les dieux fe plaifent plus qu'au chant des Mufes, quand le
neftar les a mis en belle humeur. Mais je rappelle ce que les dieux peuvent faire après leur
banquet, allumés par le vin. Si folle que je fois,
je ne faurais m'abftenir d'en rire. Mais il vaut
mieux fe rappeler Harpocrate, de peur qu'un
dieu corycien ne nous entende raconter ce que
Momus n'a pu dire impunément.

Cependant il eft temps de quitter le ciel, felon
l'exemple homérique, pour defcendre fur la
terre, où nous ne voyons ni gaîté, ni bonheur
fans mon intervention. Remarquez d'abord
avec quelle prévoyance la nature, mère & ouvrière du genre humain, a pourvu à ne jamais
laiffer manquer le condiment de la folie. Admet-
tons les définitions des Stoïciens, à favoir que

la fageffe confifte à fe laiffer guider par la raifon ;
la folie, au contraire, à fe laiffer emporter au
gré de fes paffions. Pour que la vie humaine ne
fût pas chagrine & morofe, Jupiter a donné
plus de paffion que de raifon, comme fi l'on
comparait la demi-once à l'as. De plus, il a
relégué la raifon dans un petit coin de la tête
& a abandonné tout le corps aux paffions. En
effet, il a oppofé à la raifon unique comme
deux tyrans des plus violents : la colère, qui
occupe la fortereffe des entrailles & la fource
de la vie, le cœur, la concupifcence qui étend
au loin fon empire jufque fur la première jeuneffe. Contre ces deux tyrans que vaut la raifon ? on le voit par la conduite commune des
hommes ; elle prefcrit ce qui eft permis & dicte
jufqu'à s'enrouer les formules de l'honnête ;
mais ceux-ci réfiftent contre cette fouveraine
jufqu'à ce que fatiguée elle cède d'elle-même
& livre les mains à la Folie.

D'ailleurs, comme l'homme eft né pour l'adminiftration des affaires & qu'il fallait augmenter
fa petite portion de raifon, Jupiter me confulta
fur ce point comme fur tout le refte. Or, j'ai
donné un confeil digne de moi : c'eft de lui
adjoindre la femme, ce fot & impertinent animal, mais amufant & gracieux, qui, dans la
communauté domeftique, adoucit & égaie par
fa folie la trifteffe de l'efprit viril.

Quand Platon a femblé douter s'il placerait les femmes parmi les animaux raifonnables ou les brutes, il n'a voulu qu'indiquer l'infigne folie de ce fexe. Si, par hafard, une femme voulait paffer pour fage, elle ne ferait rien que fe rendre deux fois folle : comme fi l'on voulait oindre un bœuf à la façon d'un athlète, cela en dépit de Minerve, ainfi que l'on dit proverbialement. Quiconque va contre la nature emploie le fard de la vertu & détourne fes penchants, double fes vices; de même que le finge refte toujours finge, même vêtu de pourpre, de même la femme eft toujours femme, c'eft-à-dire folle, quelque mafque qu'elle revête.

Je ne crois pas l'efpèce féminine affez irritable pour m'en vouloir de lui attribuer la folie, moi qui fuis femme & folle. En effet, fi elles eftiment les chofes fainement, elles devront favoir gré à la folie de les avoir rendues plus heureufes que les hommes. D'abord ne me doivent-elles pas l'agrément de cette beauté qu'elles préfèrent à bon droit à toute chofe & dont l'attrait leur affure la tyrannie même fur les tyrans. En effet, d'où vient chez l'homme la hideur du vifage, la peau velue, la forêt de barbe, la fénilité, fi ce n'eft du vice de la fageffe? Chez la femme au contraire, les joues font toujours unies, la voix toujours grêle, la peau toujours délicate. Leur vie femble une

perpétuelle imitation de l'adolefcence. Enfin,
que défirent-elles finon de plaire aux autres?
n'eft-ce pas là que tendent à la fois & la parure,
& le fard, & les bains, & les frifures, & les
effences, & les parfums, & cet art de peindre
& de façonner le vifage, les yeux, la peau?
D'ailleurs, d'où vient l'afcendant des femmes
fur les hommes, finon de la folie? Que n'accor-
dent-ils pas aux femmes en vue de la volupté?
& quel autre attrait ont les femmes, finon la
folie? On ne faurait le nier quand on fonge à

toutes lès niaiseries qu'un homme débite avec une femme, à toutes les sottises qu'il fait, chaque fois qu'il veut se donner le plaisir amoureux.

Vous savez d'où vient le plus grand charme de la vie. Mais vous avez certaines gens, des vieillards surtout, plus biberons que galants, qui mettent dans la bouteille la volupté souveraine : or je ne sais si l'on peut faire un bon repas sans femmes. Il est sûr au moins que sans le condiment de la folie, aucun repas n'est bon. Aussi bien, quand aucun des convives n'est fou réellement ou ne fait pas semblant de l'être, on va chercher un plaisant à gages, un bouffon parasite qui, par des plaisanteries dérisoires, secoue le silence & l'ennui de la table.

En effet, à quoi bon charger son ventre de tant de friandises, de délicatesses, de gourmandises, si les yeux également, les oreilles, & tout l'esprit ne se repaissent de jeux, de rires, d'agréments ? Or, je suis l'unique architecte des dragées. Voilà pourquoi j'ai inventé tous ces agréments des festins, le tirage au sort du roi, le jeu de dés, l'échange des coupes, les santés à la ronde, les chansons avec une branche de myrte, la danse, les postures ! Ce ne sont pas les sept Sages de la Grèce, mais nous qui avons inventé tout cela pour le plus grand bien du genre humain. Or, la nature de tous ces plaisirs est telle que plus ils contiennent de folie, plus

ils font utiles à la vie des mortels. Si cette vie
eft trifte, elle ne mérite même pas le nom de
vie. Or elle eft trifte néceffairement fi l'on n'y
mêle les divertiffements à l'ennui qui en eft
inféparable.

Il fe trouvera peut-être des individus qui,
méprifant ce genre de plaifir, fe contenteront de
l'intimité & de la familiarité de leurs amis,
mettant le fouverain bien dans l'amitié & la
déclarant plus indifpenfable que l'air, l'eau
elle-même, au moins tellement délicieufe qu'en
la fupprimant on fupprimerait le foleil, ou tellement noble que les philofophes ne craignent
pas de la compter au nombre des principaux
biens. Mais ne pourrais-je démontrer que je
fuis la poupe & la proue d'un tel bien : je le
démontrerais, non à l'aide de crocodiles ou de
forites, ou de fophifmes cornus ou d'arguties
de même genre, mais avec un gros bon fens
& en faifant toucher les chofes du doigt.

Voyez plutôt : diffimuler, s'abufer, s'aveu-
gler, s'affoler fur les défauts de fes amis, aimer
des défauts même comme des vertus & les admirer, n'eft-ce pas bien près de la folie ? Quand un
homme embraffe avec délices une tache fur le
vifage de fa maîtreffe, quand un autre fe plaît
au polype d'Agna, qu'un père prétend que fon
fils a les yeux un peu louches quand il les a de
travers, qu'eft-ce finon pure folie ? Confeffez

donc à haute voix que c'est folie pure. Je dirai, moi, que la folie seule forme & entretient les liaisons amicales.

Or, je ne parle ici que des mortels dont pas un ne naît sans défauts. L'homme le meilleur est celui qui en a le moins. Car, parmi ces sages qui se croient des dieux, ou le lien d'amitié ne se forme pas, ou cette amitié n'est qu'une union chagrine & boudeuse qui ne se contracte encore qu'avec bien peu de gens. En effet, je me ferais scrupule de dire qu'ils n'aiment personne, vu que si la plupart des hommes sont insensés, il n'y en a aucun qui ne délire de cent façons. Entre semblables se forment donc des liens étroits.

C'est pourquoi si jamais entre ces gens austères se forme un lien de bienveillance, il n'est ni durable ni solide : car ils sont moroses & trop peu clairvoyants, habitués à percer les défauts de leurs amis, comme l'aigle ou le serpent d'Epidaure. Pour leurs propres vices, ils sont chassieux & ne voient pas la besace sur leur dos. Ainsi la nature des hommes est telle qu'on ne trouve aucun esprit qui ne soit asservi à de grands défauts. Ajoutez une telle différence entre les goûts & les penchants, tant de faux pas, tant d'erreurs, tant de hasards. C'est bien pourquoi entre tous ces argus les douceurs de l'amitié ne subsisteront pas une heure si l'on

n'y joint ce que les Grecs appellent le renfort.
Appelez-le folie ou facilité de mœurs.

Qu'eſt-ce donc? Ce Cupidon, cet auteur, ce
père de toute tendreſſe n'eſt-il pas aveuglé d'un
bandeau? De même qu'il fait prendre la lai-
deur pour la beauté, ne fait-il pas que chacun
trouve beau ce qui lui eſt cher? que le vieillard
chérit ſa vieille comme le mignon chérit ſa
mignonne. Cela ſe fait partout, & l'on s'en
moque, & pourtant ce ridicule eſt un des plus
grands nœuds & des plus grands liens de la
ſociété.

Ce que nous avons dit de l'amitié, on peut le
penſer bien plus du mariage qui n'eſt pas moins
qu'un engagement pour toute la vie. Dieux
immortels! combien n'arriverait-il pas de ſépa-
rations ou de maux encore pires ſi l'union de
l'homme & de la femme n'était ſoutenue & fo-
mentée par la flatterie, le divertiſſement, la
complaiſance, l'erreur, la diſſimulation, tous
gens de mon cortége & de ma ſuite.

Ah! qu'il ſe ferait peu de mariages ſi le fiancé
avait la prudence de s'informer des jeux auxquels a joué bien avant nous cette petite vierge
ſi renchérie, ſi pudique. Encore moins de mariages ſubſiſteraient ſi les maris, par négligence
ou par ſtupidité, n'ignoraient la vie de leurs
épouſes. On traite cela de folie à bon droit, mais
c'eſt bien cette même folie par laquelle la femme

plaît au mari, le mari plaît à la femme, la maifon eft tranquille & l'union fe maintient. Riez
d'un cocu, traitez-le de coucou ; appelez-le des
noms que vous voudrez, pendant ce temps-là
il boit avec fes lèvres les larmes de fa chère
adultère. Il eft bien plus heureux dans fon
erreur que s'il fe confumait de jaloufie, que s'il
allait partout faire des tragédies ? En fomme aucune fociété, aucune union ne fauraient être
agréables fans moi, fi bien que le peuple ne
fupporterait pas fon prince, ni le maître fon

efclave, ni la fervante fon maître, ni le précepteur fon difciple, ni l'ami fon ami, ni la femme
fon mari, ni le propriétaire fon fermier, s'ils ne
fe trompaient mutuellement, s'ils ne fe flattaient,
ne fermaient les yeux, ne fe frottaient récipro-
quement d'un miel de folie. Je fais que tout ce
que je vous ai dit doit vous paraître importun ;
mais vous entendrez bien d'autres chofes.

Dites-moi, un homme qui fe hait lui-même
peut-il aimer quelqu'un ? un homme en défac-
cord avec lui-même fera-t-il d'accord avec autrui ? Donnera-t-on de la joie quand foi-même
on eft accablé de chagrins ? Nul ne le prétendrait
fans être plus fou que la folie. Donc, en dehors
de moi, perfonne ne pourra fupporter autrui,
fi bien que chaque homme fe fera mal au cœur,
fe trouvera fordide, fera dégoûté de lui-même.
Voilà pourquoi la nature, plus marâtre que
mère, a donné cette malheureufe tendance aux
mortels d'être mécontents de foi & d'admirer
les avantages d'autrui. D'où vient que les dons,
les élégances, les charmes de la vie fe gâtent
& fe réduifent à rien ? A quoi fervira la beauté,
ce que les immortels peuvent départir de plus
précieux, fi l'atteinte d'une mauvaife odeur la
flétrit ? A quoi bon la jeuneffe, fi elle eft cor-
rompue par le férieux d'une fénile mélancolie ?
En effet, dans toutes les fonctions de la vie, que
ferez-vous foit à part, foit avec les autres (car

c'eſt le principe non-ſeulement de l'art, mais de
l'action de mettre la bonne grâce dans tous nos
actes), ſi vous n'avez à votre droite Philautia,
ma bonne parente, tellement elle prend mes
intérêts.

Ainſi, quoi de plus fou que d'être charmé de
vous-même, de vous admirer ? & pourtant, ſi
vous vous déplaiſez, vous ne ferez rien d'agréable
ni de ſympathique, ni de bienſéant. Otez ce
condiment de la vie, & l'orateur ſe refroidira
dans ſon action, le muſicien languira dans ſa

cadence, l'hiftrion fera fifflé au milieu de fes geftes; le poëte avec les mufes excitera la rifée, le peintre n'obtiendra que des mépris, le médecin mourra de faim avec fes remèdes. Ainfi de Nirée vous deviendrez Therfite; de Phaon, Neftor; de Minerve, cochon; d'éloquent, ftupide; d'élégant, ruftre.

Tant il eft néceffaire que chacun fe cajole & commence par fe flatter lui-même avant de fe recommander aux autres. Enfin, comme c'eft une grande partie du bonheur de vouloir refter ce que l'on eft, ma chère Philautia obtient ce réfultat que perfonne ne regrette fa figure, fon efprit, fa famille, fon pofte, fa doctrine, fon pays, fi bien que l'Irlandais ne voudrait point permuter avec l'Italien, ni le Thrace avec l'Athénien, ni le Scythe avec l'habitant des îles Fortunées. Admirable délicateffe de la nature qui dans une diverfité infinie a fu égaler toutes chofes. Car là où elle a été parcimonieufe de fes dons, elle a prodigué l'amour-propre. Que dis-je bien follement! l'amour-propre eft le plus grand des dons.

Mais, pour vous montrer que ce qu'il y a de plus beau parmi les hommes vient de moi, j'affirme qu'on n'a trouvé que fous mes aufpices toutes les belles inventions : la guerre n'eft-elle pas la fource & la moiffon des exploits les plus renommés! Or, quoi de plus fou que d'engager

une lutte pour je ne fais quelles caufes! lutte
dans laquelle les deux partis ont plus de défa-
gréments que d'avantages, car pour ceux qui
tombent, comme pour les Mégariens, on n'en
tient pas compte. Lorfque des deux parts les
troupes bardées de fer font rangées & que le
chant rauque du clairon fe fait entendre, que
viendraient faire ces fages qui, épuifés dans leurs
études, ont à peine le fouffle & font refroidis
& glacés! ce qu'il faut alors, ce font des gens
folides & bien bâtis, qui ont beaucoup d'audace
& fort peu d'intelligence. A moins qu'on n'aime
mieux un foldat tel que Démofthène qui, fuivant le confeil d'Archiloque, à peine à la vue de
l'ennemi, jeta fon bouclier & s'enfuit, auffi
lâche guerrier qu'excellent orateur.

On me dira que la prudence compte pour
beaucoup à la guerre. J'en conviens, mais c'eft
une prudence toute militaire & qui n'a rien
de philofophique : auffi bien les plus grands
exploits fe font avec des parafites, des ruffians,
des voleurs, des bravi, des payfans, des balourds,
des banqueroutiers, avec la lie du genre humain
& non pas à l'aide de philofophes dont la lampe
eft toujours allumée. Qu'ils foient inutiles pour
tous les ufages de la vie, l'exemple de Socrate
le démontre : l'oracle d'Apollon l'avait déclaré
le fage unique, mais fort peu fagement; car
lorfqu'il entreprit quelque office public, il fut

obligé de fe retirer à la rifée générale. Et pourtant en cela même il n'était pas tout à fait fot, car il refufa le furnom de Sage en l'attribuant feulement à la divinité; car il eftimait que le Sage doit fe tenir à l'écart du gouvernement; il eût dû même ajouter que celui qui veut paffer pour homme doit s'abftenir de toute fageffe. Enfin, qui le fit excufer? Qui l'amena à boire la ciguë? La Sageffe, toujours la Sageffe. Car pendant qu'il philofophe fur les nuages & les idées, tandis qu'il mefure les pieds des puces & admire le bourdonnement des moucherons, il n'apprend pas ce qui a trait à la vie journalière. Voici Platon, fon difciple, qui veut venir au fecours du maître en péril! Bel avocat qui déconcerté par le bruit de la foule peut à peine prononcer une moitié de période. Que dirai-je de Théophrafte? à peine eut-il paru dans l'affemblée, il refte muet comme à la vue d'un loup. Comment à la guerre eût-il encouragé les foldats? Ifocrate, à caufe d'une timidité de même genre, ne put jamais ouvrir la bouche en public. Cicéron, ce père de l'éloquence romaine, commençait toujours fes harangues avec une forte de trépidation & de bégaiement enfantin. Fabius, il eft vrai, interprète cette défaillance comme la marque d'un orateur fenfé qui comprend le péril de la parole; mais n'eft-ce pas un aveu que la Sageffe eft contraire aux affaires publiques? Que feront alors, quand il s'agira d'en venir aux armes, ces gens qui font pâmés de peur, s'il leur faut combattre avec la fimple parole?

Et qu'après cela l'on vienne nous redire pompeufement cette fameufe fentence de Platon : « Les républiques feraient heureufes fi les philofophes gouvernaient, ou fi les gouvernants étaient philofophes. » Bien au contraire : confultez les hiftoriens, vous trouverez que jamais les républiques n'ont fubi de princes plus dangereux que ceux qui d'aventure s'adonnaient à la philofophie ou aux lettres ; les deux Catons fuffiraient à le prouver : l'un, par fes délations infenfées, vint troubler la tranquillité de Rome ; l'autre détruifit de fond en comble la liberté du peuple romain pour la vouloir défendre trop fagement. Ajoutez les Brutus, les Caffius, les Gracques, & même ce fameux Cicéron qui ne fut pas moins pernicieux à la république romaine que Démofthène à celle des Athéniens. Voyez Marcus-Antoninus : Je vous accorde qu'il ait été bon empereur, & je pourrais le retirer encore, vu que fa qualité de grand philofophe le rendit déplaifant & odieux à fes concitoyens ; néanmoins je concède qu'il ait été bon prince ; il n'en fut pas moins plus funefte à la république en lui laiffant un fils tel que le fien, qu'il ne lui avait été falutaire par fon adminiftration. D'ailleurs,

cette efpèce d'hommes qui s'adonnent à la
fageffe font d'ordinaire malheureux en toute
chofe, & furtout dans la propagation de l'efpèce,
fans doute par un foin prévoyant de la nature
qui empêche ce mal de la Sageffe de fe répandre
davantage chez les mortels. C'eft pourquoi
Cicéron n'eut qu'un fils indigne de lui, & les
enfants du fage Socrate furent plus reffemblants
à leur mère qu'à leur père, c'eft-à-dire qu'ils
étaient fots.

On fupporterait encore ces philofophes s'ils

étaient seulement pour les offices publics des ânes
devant une lyre; mais pour toute fonction de la
vie, ils ne valent guère mieux. Invitez un sage à
un festin : par son silence morose ou ses questions
importunes il mettra le trouble dans la compa-
gnie. Admettez-le dans un chœur : on dirait la
danse d'un chameau. Traînez-le aux jeux publics : sa mine seule gênera le plaisir des spectateurs, & ce sage Caton sera contraint de quitter
le théâtre pour ne pouvoir renoncer à son fourcil refrogné. Intervient-il dans une conversa-
tion ? C'est comme le loup de la Fable. Faut-il
acheter, faire un contrat, en un mot, accomplir
un de ces actes sans lesquels la vie quotidienne
ne peut se passer, vous diriez que ce sage est une
souche & non pas un homme : tellement il ne
peut être bon à rien, ni pour sa patrie, ni pour
les siens, sans doute parce qu'il est inhabile aux
usages communs & qu'il est directement opposé
à l'opinion vulgaire & aux façons de vivre de
tout le monde. En conséquence, il s'attire une
haine universelle par sa différence si prononcée
de sentiments & de manières.

En effet, parmi les mortels où ne se trouve la
Folie, ce sont des fous qui agissent avec des fous.
Si un seul homme veut y faire résistance, je lui
conseillerai d'imiter Timon & d'émigrer dans
quelque désert pour y être seul à jouir de sa sagesse. Mais, pour revenir à ce que j'avais établi,

quelle force a pu réunir en corps de cité les hommes primitifs ſi farouches & de pierre & de chêne, ſi ce n'eſt la flatterie? En effet, la lyre d'Amphion & d'Orphée ne ſignifie pas autre choſe. Qu'eſt-ce qui a fait rentrer dans l'harmonie civique la plèbe romaine, qui ſe portait déjà aux dernières entrepriſes? Eſt-ce une harangue philoſophique? Pas du tout. Non, c'eſt un apologue plaiſant & puéril ſur le ventre & les autres parties du corps. Le même ſuccès s'attacha au diſcours de Thémiſtocle ſur le renard & le hériſſon. Quel diſcours de ſage aurait produit l'effet de la biche inventée par Sertorius, de ſa ruſe drôlatique des queues de cheval ou des deux chiens du légiſlateur de Sparte? Et je ne dis rien de Minos & de Numa, qui, tous les deux par leurs inventions fabuleuſes gouvernèrent la ſottiſe de la multitude. Ce ſont de pareilles fadaiſes qui mettent en mouvement cette grande & groſſe bête, le peuple.

Et d'ailleurs, quelle ville a jamais reçu les lois d'un Platon ou d'un Ariſtote, ou les préceptes d'un Socrate? Quelle idée a perſuadé aux Décius de ſe vouer aux dieux mânes? Quel attrait a précipité Curtius dans l'abîme ſi ce n'eſt une vaine gloire, douce ſirène, mais à coup ſûr condamnée par nos ſages? Quoi de plus ſot, à leur dire, que de voir un candidat ſuppliant flatter le peuple, acheter ſa faveur par des diſtri-

butions, rechercher les applaudiffements de tant
d'imbéciles, fe complaire à des acclamations, fe
faire porter en triomphe comme une image en
fpectacle au peuple, fe guinder dans le Forum
fous les dehors d'une ftatue d'airain? Ajoutez
les titres, les furnoms, ajoutez les honneurs divins proftitués à cette petite créature humaine;
ajoutez dans les cérémonies publiques l'apothéofe décernée même aux plus infâmes tyrans.
Ce font pures folies, à la dérifion defquelles ne
fuffirait pas un feul Démocrite. Qui peut le

nier? De cette fource font nés les exploits des héros que tant d'hommes éloquents ont élevés jufqu'au ciel. C'eft cette folie qui fait naître les villes ; c'eft elle qui fait fubfifter les empires, la magiftrature, la religion, les confeils, les tribunaux : la vie humaine, je ne crains pas de le dire, n'eft qu'un jeu de la folie. Il en eft de même des beaux-arts. Qu'eft-ce qui a porté les hommes à imaginer tant de belles inventions pour les laiffer à leurs defcendants, fi ce n'eft la foif de la gloire ? Ces hommes vraiment fous ont cru que toutes ces veilles, toutes ces fueurs étaient le digne prix de la gloire, qui n'eft au fond que la plus grande des chimères. Mais, pendant ce temps, c'eft à la Folie que vous devez toutes les douceurs de la vie, & ce qu'il y a de plus doux au monde, la jouiffance de la fottife d'autrui.

Après avoir donc revendiqué à mon honneur la vaillance & l'activité d'efprit, que dirait-on fi je revendiquais la prudence ? C'eft mêler l'eau & le feu, me répondra-t-on. Eh bien, je crois que je réuffirais dans cette prétention fi vous m'accordez comme auparavant la complaifance de vos oreilles.

Si la prudence confifte dans l'ufage des chofes, à qui revient l'honneur de ce furnom, au Sage qui n'entreprend rien en partie par vergogne, en partie par timidité, ou bien au fot qui n'eft jamais détourné de rien par la vergogne qu'il ne connaît pas, ou par le péril qu'il ne fait point pefer? Le Sage fe confine dans les livres des anciens, & il va chercher de pures arguties de mots. Le Fou en effayant, en affrontant tous les dangers, acquiert, fi je ne me trompe, la vraie prudence. Homère, quoique aveugle, femble avoir vu tout cela quand il dit : « Le Fou a bien l'expérience du fait accompli. » En effet, deux chofes empêchent principalement l'homme de bien connaître les faits, la honte qui obfcurcit l'efprit de fumée & la crainte qui, en montrant le péril, détourne de l'action. La Folie délivre de ces fcrupules. Peu de gens comprennent à combien de profits mènent l'abfence de pudeur & l'audace effrénée. S'ils aiment mieux cette prudence qui fe fonde fur la faine appréciation des chofes, voyez, je vous prie, comme en font éloignés ceux qui fe vantent de la pofféder.

Et d'abord on fait que toutes les chofes humaines, comme les Silènes d'Alcibiade, ont deux vifages oppofés : à l'extérieur mortel, hideux, miférable, infâme, ignorant, débile, ignoble, morofe, hoftile, ennemi, nuifible ; à l'intérieur, tout le contraire ; ce dont vous vous apercevrez en ouvrant le Silène. Vous femble-t-il que je parle trop facilement, j'aurai recours, pour m'expliquer, à une Minerve de plus franche allure.

7

Pour tout le monde un monarque eft riche
& puiffant. Mais fuppofez qu'il ne poffède aucun
des biens de l'efprit, & que rien ne le contente,
il fera pauvre entre les pauvres. S'il fe laiffe
entraîner par les vices, il devient un vil efclave.
Sur toute chofe on peut philofopher de la même
façon. Mais cet exemple me fuffit. A quoi cela
mène-t-il? dira-t-on. Attendez. Si quelqu'un
fe jetait fur un comédien en fcène pour
lui arracher fon mafque & montrer fon vifage
réel aux fpectateurs, ne troublerait-il pas toute
l'économie de la pièce, & ne ferait-il pas digne
d'être chaffé du théâtre à coups de pièrres comme
un furieux? Cependant la chute des mafques
ferait voir un fpectacle nouveau : la femme fe
trouverait être un homme, l'éphèbe un vieillard,
le roi un Dama, le dieu un homme de rien.
Vouloir détromper les fpectateurs, c'eft boule-
verfer toute la repréfentation; les fpectateurs fe
plaifent à ce fard, à ces impoftures.

Qu'eft-ce d'ailleurs que la vie humaine? une
comédie dans laquelle chacun joue fon rôle fous
un mafque étranger jufqu'à ce que le chorége
les retire de la fcène. Ce chorége fait fouvent
paraître le même acteur en différents équipages :
celui qui naguère avait repréfenté un roi chargé
de pourpre fait maintenant un efclave en hail-
lons. Fictions fans doute, mais cette comédie
ne fe joue pas autrement.

Suppofez un Sage tombé du Ciel, apparaiffant & fe mettant à crier : « Cet être que vous vénérez comme dieu & votre feigneur n'eft pas un homme ; comme les bêtes, il eft guidé par fes paffions. C'eft un efclave de dernier ordre qui fert de nombreux maîtres & de bien vilains. » Suppofez encore que ce Sage confeille le rire à celui qui pleure la mort de fon père en lui difant que ce père a feulement ceffé de mourir, la vie n'étant qu'une mort continuelle. Admettez qu'il fe fâche contre tel autre glorieux de fa généalogie, & qu'il l'appelle roturier, bâtard, fous le prétexte qu'il s'eft éloigné de la vertu, fource unique de la nobleffe. Imaginez enfin qu'il parle à tout le monde fur le même ton : Qu'arrivera-t-il ? C'eft que chez tout le monde il paffera pour fou furieux. De même que rien n'eft plus fot qu'une fageffe à contre-temps, rien auffi n'eft plus imprudent qu'une prudence au rebours. Celui-là eft dans un grand travers qui ne s'accommode pas au temps préfent, & ne veut pas paraître fur le Forum, & ne fe reffouvient pas au moins de cette loi des banquets : « Bois ou va-t-en » & qui demande que la comédie ne foit plus comédie. Au contraire, il eft de la vraie prudence, puifque vous êtes homme tout comme les autres, de ne pas vouloir vous relever au-deffus de la condition humaine, mais de diffimuler avec la multitude ou de confentir à

vous tromper avec vos femblables. N'eft-ce pas
de la folie ? dira-t-on. Pourquoi pas ? à la condition qu'on y voie l'intention de faire fon perfonnage dans la comédie du monde.

Au refte, dieux immortels, dois-je parler,
dois-je me taire ? Mais pourquoi me taire ? Ce
que je veux dire eft plus vrai que la vérité. Il
conviendrait fans doute en pareil objet de faire
defcendre de l'Hélicon les Mufes que fouvent
les poëtes invoquent pour de minces bagatelles.
Venez donc pour un moment, filles de Jupiter.

Je veux montrer que cette fameufe Sageffe, qu’on appelle la citadelle du bonheur, n’eft abordable que fous les aufpices de la Folie!

Je foutiens d’abord que toutes les paffions fe rapportent à la Folie; ne diftingue-t-on pas le fou du fage à ce que l’un eft guidé par la paffion, l’autre par la raifon: voilà pourquoi les Stoïciens écartent du fage toutes les paffions comme des maladies. Cependant ces paffions fervent de pédagogues à ceux qui veulent entrer hâtivement dans le port de la Sageffe; ce font pour tous les offices de la vertu comme autant d’aiguillons & de ftimulants qui excitent à faire le bien. Et pourtant nous trouvons ici la proteftation de ce fieffé ftoïcien Sénèque qui retranche abfolument toute paffion au fage. Mais de cette façon il ne laiffe même pas fubfifter l’homme dont il nous fabrique comme un dieu de nouvelle efpèce qui n’a jamais exifté, qui jamais n’exiftera. A parler clair, c’eft un homme de marbre qu’il a érigé fous vos yeux, ftupide & dépourvu de tout fens humain. En conféquence, que ces ftoïciens jouiffent de leur fage & l’aiment fans rival, & demeurent avec lui foit dans la cité de Platon, ou, s’ils le préfèrent, dans la région des idées, ou bien encore dans les jardins de Tantale. Tout autre fe dépêcherait de fuir un pareil homme comme un monftre, comme un fpectre; il le prendrait en horreur comme fourd

à tous les sentiments de la nature, comme insen-
sible à toutes les passions, à la pitié comme à
l'amour, aussi bien qu'une pierre rigide ou qu'un
rocher de Paros, incapable de rien laisser échap-
per, de faire le moindre écart de sa route, lynx
vraiment formé pour tout pénétrer, tout tirer
au cordeau, toujours implacable, content uniquement de soi-même, le seul riche, le seul bien
portant, le seul roi, le seul libre, se croyant
l'être unique en toute chose, mais ne l'étant
qu'à son propre jugement. Pour des amis, il
s'en soucie peu; lui-même n'est l'ami de personne, il n'hésite même pas à traiter de haut les
dieux & à condamner, à tourner en dérision
comme pure folie, tout ce qui se fait en ce
monde. Voilà pourtant l'animal qu'on nous
donne pour le type du sage accompli. Et je
vous le demande, si la chose se décidait au vote,
quelle cité voudrait d'un magistrat de cette
sorte, quelle armée d'un tel général ? quelle
femme d'un mari de cette espèce ? quel maître
de maison d'un pareil convive ? quel esclave
d'un maître ainsi conformé ? Mais qui ne pré-
férerait le premier venu tiré de la plèbe la plus
abjecte qui, étant fou, saurait ou commander ou
obéir à des fous, qui fût du goût de ses semblables, c'est-à-dire de la plupart des hommes,
doux & honnête envers sa femme, agréable à ses
amis, beau convive, commensal accommodant,

enfin ne regardant rien d'humain comme lui devant être étranger? Mais j'en ai affez de ce miférable fage. Paffons donc aux autres avantages de la vie.

Si l'on regardait le genre humain comme d'un obfervatoire, ainfi que Jupiter le fait, ce dit-on, à combien de calamités trouvera-t-on la vie des hommes expofée & fujette? Que de miféres, que d'ordures dès la naiffance! que de peines dans leur éducation! que de mauvais traitements attachés à l'enfance! que de travaux pour la jeuneffe! que de chagrins pour la vieilleffe! quelle dure néceffité dans la mort! enfin, pendant toute la vie, que de maladies les attaquent & que d'accidents les menacent! & que d'incommodités pèfent fur eux! rien qui ne foit mêlé de fiel. Je ne dénombrerai même pas les maux que l'homme caufe à l'homme, & qui font la pauvreté, la prifon, l'infamie, la honte, les tourments, les embûches, la trahifon, les outrages, les procès, les perfidies. Ce ferait vouloir compter le fable. Par quels crimes les hommes ont-ils mérité toutes ces difgrâces, quel divin courroux les a fait naître dans cet abîme de miféres? ce n'eft pas à moi de vous le dire pour le moment. Mais, pour qui voudra examiner ce problème, certes, les filles miléfiennes ne feront pas à blâmer, encore que leur exemple foit bien douloureux.

Mais quels hommes ont avancé leur mort par dégoût de la vie ? N'étaient-ce pas les voisins de la Sageſſe ? Pour ne rien dire des Diogène, des Xénocrate, des Caton, des Caſſius, des Brutus, ce fameux Chiron, qui pouvait être immortel, de ſon propre mouvement déſira la mort. Vous voyez d'ici quelle ſerait la durée du genre humain ſi la Sageſſe ſe propageait ; bientôt on aurait beſoin d'une autre argile, d'un autre Prométhée. Mais je viens entretenir les hommes dans l'ignorance, dans l'inſouciance, parfois dans l'oubli des maux, d'autres fois dans l'eſpérance des biens ; je mêle aux voluptés quelque peu de mon miel, & j'allége ainſi leurs miſères. Auſſi ne ſe complaiſent-ils pas à quitter la vie, même quand la trame des Parques eſt terminée & que la vie les abandonne ; moins ils ont ſujet de reſter en ce monde, plus ils s'attachent à la vie ; tant s'en faut que le dégoût de l'exiſtence les atteigne. C'eſt bien à moi que l'on doit de voir des vieillards âgés comme Neſtor & qui n'ont même plus apparence humaine, bégayant, radotant, édentés, chenus, chauves, ou, pour les décrire dans le ſtyle d'Ariſtophane, ſordides, courbés, rugueux, glabres, la bouche vide, le menton défaillant, & qui pourtant font encore leurs délices de la vie, & qui jouent aux jeunes gens, au point l'un de teindre ſa blanche chevelure, l'autre de diſſimuler ſa calvitie ſous une

perruque, cet autre d'ufer de dents prifes peut-
être à quelque pourceau, ce dernier de mourir
d'amour pour une jeune fille & de dépaffer les
jeunes gens par fes galantes inepties. Et l'on
voit ces vieilles caboches, ces vieilles ruines
prendre une jouvencelle pour femme, fans dot
& deftinée à faire le plaifir des autres, & cela fi
fréquemment qu'on en fait prefque un fujet de
louanges. Mais voici un fpectacle plus divertiffant. Remarquez ces vieilles femmes à demi-
mortes de décrépitude, tellement cadavéreufes

qu'elles femblent revenir des enfers, & qui pourtant ont toujours à la bouche ces mots : « la lumière eft bonne », & qui font encore de vraies chèvres, & qui font les chèvres, comme difent les Grecs, & prennent à gages un Phaon quelconque. Les voyez-vous plâtrer leur vifage de fard, ne jamais quitter leur miroir, s'épiler, étaler des mamelles flétries & ridées, & par un glouffement tremblotant folliciter un défir qui languit, & boire à fréquentes reprifes, & fe mêler aux chœurs des jeunes filles & écrire des lettres d'amour. Tout le monde fe moque de ces vieilles qui font très-folles en vérité; mais elles ont leur propre approbation, & plongées dans les délices, tout imprégnées de miel, elles font heureufes par mes bienfaits.

Or, je demande à ceux qui les tournent en rifée s'il ne vaut pas mieux être fou & vivre dans les délices que d'aller chercher une poutre pour fe pendre. Cependant cette infamie que le vulgaire attache aux amours féniles caufe peu de fouci à mes Fous qui ne fentent pas ce mal, ou qui, s'ils le fentent, n'en tiennent pas compte. Qu'un rocher tombe fur la tête, voilà ce qui s'appelle un mal; mais la honte, l'in-famie, les opprobres, les malédictions, tout cela ne bleffe qu'autant qu'on en fouffre. Là où il n'y a pas reffentiment, le mal n'exifte point. Qu'importe fi tout le public vous fiffle, pourvu

que vous vous applaudiſſiez. Et c'eſt à la Folie
que l'on doit ce réſultat. Mais je crois entendre
ſe récrier les philoſophes : c'eſt miſère, diſent-
ils, que d'appartenir à la Folie, en proie à l'erreur, à la déception, à l'ignorance; point du
tout, c'eſt être homme. Je ne vois donc pas
pourquoi vous traitez mes Fous de miſérables!
N'êtes-vous pas nés, formés, élevés comme eux ?
Croyez-moi, c'eſt le ſort commun de l'eſpèce.

Il n'y a rien de miſérable quand on reſte
dans ſon état naturel, à moins que vous ne

vouliez plaindre l'homme de ne pouvoir voler comme les oifeaux, marcher à quatre pattes avec les autres animaux, être orné de cornes comme les taureaux. Auffi bien déclarerez-vous mal-heureux un beau cheval parce qu'il n'aura pas appris la grammaire & ne mangera point de gâteaux, malheureux un taureau parce qu'il eft impropre à la paleftre. Ainfi, comme un cheval ignorant de la grammaire n'eft pas malheureux, de même le fou n'eft point malheureux non plus, vu que la Folie lui eft naturelle. Mais ces difputeurs me pourfuivent. L'homme, difent-ils, a le privilége de connaître les fciences & les arts, & il s'en fert pour fuppléer par fon efprit au défaut de la nature. Comme s'il était vrai-femblable que la nature qui a veillé avec tant de follicitude fur le moindre moucheron, fur les herbes & fur les fleurs, fe foit endormie pour l'homme feul, comme s'il avait befoin de ces arts que Theut, mauvais génie du genre hu-main, inventa pour fa plus grande perte; arts qui font bien loin de contribuer à fa félicité, car ils lui font vraiment nuifibles, & c'eft le feul bénéfice de leur invention, comme le dit à ce fujet dans Platon ce roi fi fagace.

Les arts font entrés dans le monde avec les autres fléaux de la vie humaine, trouvés par ces auteurs d'où proviennent tous les maux : je veux dire les démons qui ont tiré leur nom de la fcience même. A l'abri de tout cela, dans l'âge d'or, vivait une race fimple qui ne connaiffait pas les arts & que guidait le feul inftinct de la nature. En effet, qu'était-il befoin de grammaire, quand tous avaient la même langue, & qu'on ne parlait que pour fe faire comprendre ? Quel befoin de la dialectique quand il n'y avait aucune difpute entre gens qui s'entendaient ? Quel befoin de la rhétorique, quand perfonne ne cherchait d'affaire aux autres ? A quoi bon la fcience des lois quand les mauvaifes mœurs étaient inconnues, qui fans aucun doute ont donné naiffance aux bonnes lois ? D'ailleurs, ces mortels primitifs étaient trop religieux pour vouloir fcruter avec une curiofité facrilége les arcanes de la nature, la mefure des aftres, leurs mouvements, leurs effets, les caufes myftérieufes des chofes ; ils croyaient qu'il n'était pas permis à l'homme de vouloir dépaffer fa condition par la fcience. Quant à la démence de rechercher ce qui eft au delà du Ciel, elle ne leur venait même pas à l'efprit.

Cependant l'innocence de l'âge d'or déclinant peu à peu, d'abord de mauvais génies inventèrent les arts, mais encore en petit nombre & admis par peu de gens. Mille autres furent plus tard trouvés par la fuperftition des Chaldéens & par l'oifive légèreté des Grecs, véritables fupplices pour les efprits, à tel point qu'une

feule grammaire fuffit abondamment pour
l'éternel tourment d'une vie entière. Pourtant,
parmi tous ces objets d'étude, les plus appréciés
font ceux qui fe rapprochent le plus du fens
commun, c'eft-à-dire de la Folie. Les théologiens crient famine, les phyficiens meurent de
froid, les aftrologues font tournés en dérifion,
on méprife les dialecticiens. Exceptons le médecin qui, à lui feul, en fait autant que les autres.
Et encore dans cette profeffion, plus un homme
eft ignorant, hardi, téméraire, plus il eft eftimé

des grands au beau collier. Cependant qu'eſt-ce que la médecine, ſurtout comme on l'exerce aujourd'hui, ſinon une dépendance de la flatterie, non moins aſſurément que la rhétorique.

Après les médecins viennent les légiſtes, & je ne ſais s'ils ne devraient pas marcher en premier : car ſans avoir à me prononcer moi-même, leur profeſſion eſt moquée de tous les philoſophes comme ſi c'était la ſcience des ânes. Et pourtant ce ſont ces ânes dont l'arbitrage décide les plus grandes & les plus petites affaires. Ce ſont eux qui accroiſſent les propriétés territoriales, tandis que le théologien, ayant retourné la divinité dans tous les ſens, eſt réduit à manger des lupins & à faire aux punaiſes & à la vermine une guerre aſſidue.

Bienheureux donc les arts qui ont plus de rapport avec la Folie ! Heureux encore plus ceux qui ont jugé à propos de s'abſtenir de tout commerce avec les ſciences & de ſuivre uniquement pour guide la nature qui n'eſt défectueuſe en rien, à moins que nous ne voulions franchir l'enceinte de la deſtinée humaine. La nature hait le fard, & tout ce qu'elle produit ſans artifice vient le plus heureuſement. Ne voyez-vous pas, que parmi toutes les eſpèces d'animaux, celles-là ſont les plus heureuſes qui vivent ſans être ſoumiſes à aucune diſcipline, ſans avoir d'autre maître que la nature ? Qu'y a-t-il de plus heureux ou de plus admirable que les abeilles ? Elles ne possèdent même pas tous les sens du corps. L'architecture a-t-elle rien trouvé d'analogue à leur art de construire ? Et quel philosophe a jamais établi une république aussi bien ordonnée ? Le cheval, au contraire, participant des sens de l'homme & vivant dans sa société, le cheval prend aussi sa part des misères humaines. En effet, sensible à la honte d'être vaincu dans une bataille, il bat des flancs & cherche le triomphe; il est frappé & avec son cavalier mord la poussière. Je ne rappellerai pas les mors les plus raides, les éperons pointus, la prison de l'écurie, les fouets, les bâtons, les liens, le cavalier, en un mot toute cette tragédie de la servitude à laquelle il s'est spontanément soumis, voulant imiter les grands personnages & se venger plus sûrement de son ennemi. Combien préférable l'existence des mouches & des petits oiseaux qui vivent facilement d'après l'instinct de la nature, autant que le permettent les embûches des hommes. Si jamais enfermés en cage les oiseaux s'habituent au langage humain, on ne saurait croire combien ils perdent de leurs dons matériels : tellement ce qui provient de la nature est supérieur de toute façon à ce que l'art est venu farder.

Ainsi je ne louerai jamais assez ce Pythagore métamorphosé en coq : à lui seul il avait été

toutes chofes, philofophe, homme, femme, roi,
fimple particulier, poiffon, cheval, grenouille,
je crois même éponge, & pourtant il déclara
l'homme le plus malheureux des animaux; fans
doute parce que tous les autres êtres fe conten-
taient de leurs limites naturelles, tandis que
l'homme feul effayait de franchir les bornes de
fa condition. D'ailleurs, entre les hommes il pré-
férait de beaucoup les fimples aux doctes & aux
grands. Et ce fameux Gryllus ne fut-il pas
plus fage qu'Ulyffe fertile en rufes quand il

aima mieux grogner dans une auge que de retourner avec fon chef s'expofer à tant de mifères ? Homère me paraît dans le même efprit : en effet, cet inventeur des fables qui appelle tous les hommes miférables ou malheureux, fouvent défigne du terme d'infortuné fon Ulyffe dont il a fait le modèle du Sage ! Jamais il ne nomme ainfi Pâris ou bien Ajax, ou même Achille. Et pourquoi ? C'eft que ce fubtil artifan de rufes ne faifait rien fans le confeil de Pallas, & qu'il était trop fage, trop éloigné de l'infpiration de la nature ?

Ainfi parmi les mortels, les plus loin du bonheur font ceux qui s'adonnent à la fageffe, doublement Fous, d'abord parce qu'ils font hommes & qu'ils oublient pourtant leur condition, en imitant la vie des dieux, & qu'à l'exemple des géants ils font la guerre à la nature avec les machines de la Science. Auffi les moins miférables, à mon avis, font bien ceux qui fe rapprochent le plus de l'intelligence des bêtes & de leur folie, & qui ne font rien au delà de l'homme. Faifons-en l'expérience non avec le raifonnement des ftoïciens, mais à l'aide d'un exemple quelconque. Par les dieux immortels ! eft-il rien de plus heureux que ces hommes ordinairement appelés fous, infenfés, fats, infipides, beaux furnoms à mon avis ? Je dirai une chofe, à première vue ridicule & abfurde, mais cependant vraie entre toutes : d'abord les Fous ſont exempts de la crainte de la mort, ce qui n'eſt point un mal médiocre, ils ſont exempts auſſi des tortures de la conſcience ; ils ne ſont pas effrayés par les contes de revenants ; ils ne redoutent point les ſpectres & les lémures ; ils ne ſont point tourmentés par la crainte des maux imminents ; ils ne ſont point tenus en ſuſpens par l'eſpérance des biens futurs. En ſomme, ils ne ſont pas déchirés par les mille ſoucis auxquels cette vie eſt en proie. Ils ne connaiſſent ni la honte, ni la crainte, ni l'intrigue, ni l'envie, ni l'amour. Enfin, ils ſe rapprochent encore plus de la ſtupidité des brutes, ils ne péchent même pas, d'après l'autorité des théologiens. Je voudrais te voir peſer, ô ſage inſenſé, tous les ſoucis qui nuit & jour déchirent ton eſprit ; mets en un ſeul tas tous les déſagréments de ta vie, & alors ſeulement tu comprendras à combien de maux j'ai ſouſtrait ma clientèle. Ajoute que les Fous non-ſeulement ſont toujours à ſe réjouir, à jouer, à chantonner, à rire ; de quelque côté qu'ils ſe tournent, ils apportent avec eux la volupté, le badinage, le jeu, le rire, comme ſi l'indulgence des dieux leur avait donné la miſſion d'égayer la triſteſſe de la vie humaine. Il en réſulte que, ſi les hommes ont les uns pour les autres des ſentiments bien divers, quand il s'agit des Fous, ils les reconnaiſſent tous également pour leur appartenir, ils les recherchent, ils les cultivent, ils les embraffent, ils les fecourent en cas d'accident ; bref, ils leur permettent de tout dire, de tout faire. Perfonne ne cherche à leur nuire, fi bien que les bêtes fauves elles-mêmes s'abftiennent de leur porter atteinte, comme par un fentiment naturel de l'innocence. Ils font en effet facrés aux dieux, à moi furtout, & c'eft bien pour cela qu'on leur rend un légitime honneur.

Ne voyez-vous pas mes Fous être chers aux plus grands rois, de telle façon que certains princes ne peuvent fans eux ni prendre leurs repas, ni marcher, ni même vivre une heure ? Ils ne font pas longtemps à préférer leurs foidifant infipides à ces Sages morofes auxquels ils accordent pourtant une part de leurs faveurs. D'où cette préférence ? la chofe ne me paraît ni obfcure, ni étonnante : ces Sages, en effet, ne préfentent rien que de trifte aux regards des princes, &, forts de leur doctrine, ils ne craignent pas d'égratigner ces tendres oreilles des grands avec une vérité mordante ; les Fous, au contraire, donnent aux rois les feules chofes qu'ils défirent, les jeux, les ris, les faillies, les tranfports d'hilarité. Notez, en paffant, ce privilége des bouffons, privilége qui n'eft pas à dédaigner, d'être les feuls à ufer de franchife & à pouvoir dire le vrai. Or, quoi de plus efti-

mable que le vrai? Bien qu'un proverbe d'Alcibiade, dans Platon, attribue la vérité au vin,
cependant toute cette gloire m'eft due particulièrement, même au témoignage d'Euripide,
dont il nous refte ce célèbre dicton : « Ce fou dit
des chofes folles ! » Tout ce que le Fou peut avoir
dans le cœur, il l'exprime fur le vifage & il le
découvre par fes paroles. Mais les Sages ont
deux langues, au fentiment du même Euripide:
l'une dit le vrai, l'autre ne dit que les chofes
qu'ils jugent convenables & opportunes. C'eft

leur office de tourner le noir en blanc, & avec la même bouche de souffler le chaud & le froid, & d'avoir une pensée dans le cœur, une autre sur les lèvres.

Aussi bien, au sein d'un si grand bonheur, que ces princes me paraissent malheureux ! Ils ne savent d'où entendre la vérité ; ils sont forcés d'avoir des flatteurs pour amis. Mais me dira-t-on, les oreilles princières abhorrent la vérité ; & c'est pour cette cause qu'ils fuient les sages, dans la crainte de trouver un homme trop indépendant qui leur dise le vrai plutôt que l'agréable. Les choses sont pourtant ainsi : la vérité est odieuse aux rois. Mais aussi c'est bien l'habitude & l'honneur de mes Fous de faire entendre aux princes non-seulement la vérité, mais les paroles les plus offensantes, au grand plaisir de ces derniers. Si bien que les mêmes paroles, qui, partant de la bouche d'un philosophe, feraient un crime capital, venant d'un bouffon engendrent un incroyable plaisir. C'est que la vérité a le don de charmer, quand il ne s'y mêle rien qui blesse. Mais ce don n'est accordé par les dieux qu'aux seuls Fous. C'est pour les mêmes causes que les femmes se plaisent particulièrement avec cette espèce d'hommes, vu qu'ils sont de nature très-enclins aux bagatelles & au plaisir aimable. Aussi tout ce qu'elles font avec de pareilles gens, fût-ce même un peu trop

férieux, elles l'interprètent comme paffe-temps, comme badinage; car ce fexe eft fort ingénieux, furtout pour couvrir fes petites efcapades.

Ainfi, pour revenir au bonheur des Fous, c'eft avec beaucoup d'agrément qu'ils paffent leur vie, fans crainte de la mort, fans même la fentir; ils vont d'ici tout droit aux champs Ely-fiens pour y divertir par leurs gentilleffes le loifir des âmes pieufes. Et maintenant compa-rons la deftinée de n'importe quel fage avec le fort de ce bouffon. Imaginez un modèle de ſageſſe à lui oppoſer, un homme qui a paſſé dans l'étude approfondie toute ſon enfance, toute ſon adoleſcence, & qui a perdu la meilleure partie de ſon exiſtence dans les veilles, les ſoucis, les labeurs, & qui, dans tout le reſte de ſa vie, n'a pas même goûté à la coupe de la volupté, toujours économe, pauvre, triſte, farouche, inique & dur pour lui-même, fâcheux & odieux aux autres, accablé de pâleur, de maigreur, d'infirmités, de chaſſies, vieux & chauve bien avant le temps, & mort avant d'avoir quitté la vie. En effet, qu'importe l'époque de la mort pour cet homme qui n'a jamais vécu ? Vous avez là un beau type du Sage.

Mais voici les grenouilles du portique toutes à glapir après moi. Rien de plus malheureux que la fureur, ſi on les écoutait. Une inſigne folie ſerait voiſine de la fureur ou la fureur elle-même. Qu'eſt-ce en effet d'être furieux ſinon d'avoir l'eſprit de travers ? Mais ce ſont ces ſtoïciens qui mettent tout de travers. Détruiſons leur ſyllogiſme avec l'aide des Muſes. Socrate nous apprend, par l'intermédiaire de Platon, qu'on diſtinguait autrefois deux Vénus & deux Cupidons ; de même il convenait à ces dialecticiens de diſtinguer la fureur de la fureur s'ils voulaient paſſer eux-mêmes pour des gens ſenſés. En effet, toute fureur n'eſt pas malheureuſe ; autrement Horace n'aurait pas dit :

« Quelle eſt cette aimable fureur qui ſe joue de moi ? » Platon n'eût pas compté parmi les premiers biens de la vie la fureur des poëtes, des devins & des amants, & la Sibylle n'eût pas qualifié de furieux les travaux d'Énée. C'eſt qu'il y a deux genres de fureur : l'une qui vient des enfers & que nous envoient les terribles vengereſſes, toutes les fois que déchaînant leurs ſerpents, elles lancent dans le cœur de l'homme ou l'ardeur guerrière, ou la ſoif inſatiable de l'or, ou une paſſion déshonorante & coupable, ou le parricide, ou l'inceſte, ou le ſacrilége, ou toute autre peſte du même genre, ou qu'avec leurs torches elles pourſuivent l'eſprit criminel & tourmenté par le remords.

Mais il eſt une toute autre fureur qui vient de moi, & que les hommes devraient avant tout ſouhaiter. Elle ſe produit toutes les fois qu'une douce erreur de l'eſprit nous délivre de ſoins anxieux & nous enchante de nombreuſes voluptés. Auſſi bien dans une de ſes lettres à Atticus, Cicéron invoqua cette erreur de l'eſprit comme le grand bienfait des dieux qui le pourrait rendre inſenſible à tous ſes maux. Il ne penſait pas autrement, cet Argien qui pouſſait ſi loin cette aimable fureur que tous les jours il allait au théâtre, où il s'aſſeyait tout ſeul, riant, applaudiſſant, donnant les ſignes de la joie, croyant qu'on y jouait d'étonnantes tragédies quand on n'y jouait rien du tout, & d'ailleurs dans tous les autres offices de la vie, honnête homme à la façon commune, bon ami, mari complaifant, maître indulgent pour fes efclaves, incapable de s'emporter pour un cachet rompu mal à propos. Ses parents, à force de drogues, le guérirent de fa maladie; revenu au bon fens, il apoftrophe fes amis de cette manière : « Qu'a-vez-vous fait ? vous m'avez tué, vous ne m'avez pas fauvé certes en m'enlevant cette voluptueufe illufion, en m'arrachant de force la délicieufe erreur de mon imagination ! » Et cet homme avait cent fois raifon. Les vrais Fous, les gens à qui l'ellébore faifait le plus befoin, c'était bien ceux qui chaffaient à grand renfort de potions une fi heureufe, une fi agréable fureur.

D'ailleurs, il eft un point que je n'ai pas encore réfolu : Doit-on gratifier du nom de folie toute efpèce d'erreur des fens ou de l'in-telligence ? Si quelqu'un ayant mauvaife vue prend un mulet pour un âne, fi quelqu'un admire des vers mal faits comme une œuvre favante, il nous paraîtra vraiment fou. Si, de même, un homme eft victime d'une erreur non plus des fens mais de l'intelligence, erreur con-tinuelle & contraire à toutes les idées reçues, il paraîtra petit-coufin de la Folie : tel celui qui, en entendant un âne braire, s'imaginerait ouïr d'admirables fymphoniftes, ou bien un pauvre

de baſſe extraction qui ſe croirait Créſus, roi de
Lydie. Mais pour ce genre de folie, ſi d'ordinaire il tend à la volupté, il ne cauſe pas un
médiocre agrément à ceux qui y ſont ſujets,
à ceux auſſi qui en ſont témoins, & pourtant
leur folie n'eſt pas la même. En effet, cette
ſorte de délire eſt bien plus répandue que le vulgaire ne l'eſtime. Le Fou ſe moque du Fou;
ils s'adminiſtrent un divertiſſement réciproque,
& même il n'eſt pas rare de voir le plus fou des
deux rire le plus franchement. Il n'en eſt que
plus heureux, étant plus infenſé, pourvu qu'il
s'attache au genre de folie qui nous eſt propre,
genre ſi vaſte d'ailleurs que je ne ſais pas ſi dans
toute l'eſpèce humaine on peut trouver un
homme ſage à toute heure & ſur qui la folie
n'ait quelque priſe.

Où eſt la nuance? Celui qui, voyant une
citrouille, s'imagine voir une femme, eſt traité
de fou, parce que cette erreur n'eſt pas fréquente. Mais celui qui, partageant ſa femme
avec le genre humain, ſe figure être l'époux
d'une triple Pénélope, & s'applaudit de ſon
ſort, heureux de ſon illuſion, alors perſonne ne
l'appelle fou, ſans doute parce que cette illuſion n'eſt pas rare chez les maris. Il faut mettre
dans la même catégorie ceux qui mépriſent tout
en dehors de la chaſſe & diſent reſſentir une
incroyable volupté quand ils entendent le ſon

affreux des cors ou les jappements des chiens.
Même quand ils fentent l'odeur des excréments
de ces bêtes, ils croient flairer de la cinnamome.
Et quelles délices pour eux quand ils affiftent à
la curée des fauves ! On laiffe à la canaille les
bœufs & les moutons à déchirer; les bêtes fauvages à dépecer font morceaux de nobles. Voyez
ce chaffeur qui, tête nue, genoux en terre, prend
un glaive deftiné pour cet office, & avec des
geftes déterminés, dans un ordre préfcrit, tranche
des membres défignés comme s'il s'agiffait d'un
rite. Ainfi que pour une cérémonie nouvelle
& facrée, la troupe filencieufe & attentive l'en-
toure en l'admirant, & pourtant elle a vu plus
de mille fois ce fpectacle. Celui qui a la bonne
fortune de goûter à cette proie s'en tient honoré
comme d'un quartier de nobleffe. Auffi tous ces
chaffeurs, bien qu'ils tirent pour tout avantage
de cette pourfuite affidue des bêtes fauves, de
devenir fauves eux-mêmes, fe figurent mener
une vie royale.

Je leur affimilerais volontiers ces bâtiffeurs
enragés qui fans ceffe paffent du rond au carré
ou du carré au rond. Aucune trêve, aucune
limite à leur manie, jufqu'à ce qu'ils foient
réduits à la dernière détreffe & qu'il ne leur
refte plus ni toit pour les loger ni pain pour les
nourrir. Qu'ont-ils donc gagné ? finon d'avoir
paffé quelques années dans les plus vives délices.

J'en rapprocherais volontiers ces alchimiftes qui, toujours pleins de nouveaux fecrets, ne vifent qu'à confondre & mêler les efpèces, & font comme à l'affût, & fur terre & fur mer, d'une quinteffence chimérique. L'efpoir emmiellé les capte fi doucement que rien ne les rebute, travaux, dépenfes, merveilleufes inventions, pour aboutir à fe tromper, à fe créer une aimable impofture, jufqu'au moment où, tout étant confumé, ils n'ont plus même de quoi fe dreffer un petit fourneau. Ils ne ceffent pas pourtant de fonger leurs fonges flatteurs & d'exciter les autres à la pourfuite des mêmes félicités. Ont-ils perdu toute efpérance, il leur refte cette penfée confolatrice qu'avoir rêvé le grand eft déjà une fatisfaction. Ce qu'ils accufent, c'eft la brièveté de la vie comme infuffifante pour la grandeur de leur entreprife.

Venons aux joueurs de profeffion : j'héfite quelque peu à les faire entrer dans ma confrérie. Mais pourtant le fpectacle qu'ils donnent eft plein de déraifon & de folie, toutes les fois que nous les voyons tellement attachés à leur jeu qu'à peine ont-ils entendu le bruit des dés, ils fentent leur cœur bondir & palpiter. Enfuite, comme dans l'efpérance continue de gagner ils perdent tous leurs biens, ainfi qu'en un naufrage où leur vaiffeau vient fe brifer fur l'écueil du jeu, écueil plus formidable que Malée, & que

de ce naufrage ils fe font échappés à peine
& tout nus encore, ils aiment mieux frauder
avec qui que ce foit qu'avec leur gagnant, pour
ne pas paffer pour des gens fans foi.

Et que dirai-je de ces vieillards qui prefque
aveugles jouent encore avec des lunettes ? qu'une
bonne goutte leur brife les doigts, ils loueront
un remplaçant jetant pour eux les dés fur la
tour. Charmant exercice, fi ce n'eft qu'un tel
jeu a coutume de dégénérer en rage, & par là
relève des Furies & non de ma dépendance.

Je ramènerais à la même farine tous ceux qui fe plaifent aux inventions fabuleufes, aux prodigieux menfonges, foit pour les ouïr, foit pour les raconter, & qui ne fe raffafient jamais de pareilles fauffetés, telles que fpectres, lémures, larves, enfers, & autres vifions du même genre; plus toutes ces chofes font éloignées de la vérité, plus ils y croient avec complaifance, & en flattant leurs propres oreilles comme d'un doux chatouillement. Cependant toutes ces balivernes ne fervent pas feulement à diftraire leurs ennuis, elles tendent à des profits très-matériels, furtout avec l'aide & des facrificateurs & des fermonnaires.

Autres fuperftitieux encore ceux qui fe mettent en tête telle croyance infenfée mais qui les enchante! Si par exemple ils ont pu voir une image peinte ou une ftatue de bois de leur faint Chriftophe, affez femblable à Polyphème, ils comptent bien ne point périr ce jour-là : le foldat qui invoque fainte Barbe avec des paroles rituelles doit revenir fain & fauf de la guerre; fupplie-t-on Erafme de la même façon, à des jours fixes, avec des prières déterminées, on s'imagine devenir riche à courte échéance. Ils ont trouvé dans faint Georges un Hercule, un autre Hippolyte. Voyez-les adorer, ou peu s'en faut, le cheval du faint pieufement orné de colliers & de boutons, s'acquérir auprès de lui fans

ceffe de nouveaux mérites par de petits préfents, jurer par fon cafque, ce qui pour eux eft
un ferment fouverain. Pafferai-je fous filence ces
gens qui fe contentent avec des fauffes rémiffions
de leurs crimes & mefurent comme à la clep-
fydre les efpaces du Purgatoire, fa durée en
fiècles, en années, en mois, en jours, en heures,
comme fur une table de géométrie, fans laiffer
aucune erreur de calcul? Omettrai-je ceux qui,
s'appuyant fur des petites marques de dévotion,
des formules de prières, qu'un pieux impofteur

a inventées comme des pratiques de magie, foit par extravagance, foit par repréfentation, fe promettent tout en ce monde, richeffes, honneurs, plaifirs, fatisfactions fenfuelles, bonne & conftante fanté, longue vie, verte vieilleffe, enfin féjour célefte auprès du Chrift? Encore ne veulent-ils obtenir ce féjour que le plus tard poffible, c'eft-à-dire quand les délices de cette vie à leur grand regret & malgré leur acharnée réfiftance les auront quittés; car c'eft alors feulement qu'ils veulent voir arriver les délices du Ciel.

Ainfi, grâce à ces indulgences, un trafiquant, un foldat, un juge n'ont qu'à jeter un denier, pris fur tant de rapines, & ils s'imagineront avoir purgé le marais de Lerne de leur vie, & ils croiront que tant de parjures, de débauches, d'ivrogneries, de rixes, de meurtres, d'impoftures, de perfidies, de trahifons peuvent être rachetés, comme dans une ftipulation, & tellement rachetés qu'il leur eft permis de recommencer une nouvelle période de crimes. Qu'y a-t-il de plus fou, par fuite de plus fortuné, que ces dévots qui fe figurent, en répétant tous les jours fept verfets des Pfaumes, s'affurer la fuprême béatitude? Et pourtant ces verfets magiques, c'eft un démon qui les a inventés, démon fpirituel, mais plus préfomptueux que fin; car il les indiqua, dit-on, à faint Bernard,

dans lequel il trouva ſon maître. Ce ſont bien de grandes folies, de ſi grandes, que j'en rougis preſque, & pourtant elles ont l'approbation, non pas ſeulement du vulgaire, mais des profeſſeurs en religion.

Puiſque nous en ſommes ſur ce point, chaque région n'invoque-t-elle pas ſon patron, ſon ſaint particulier? à chacun des bienheureux on attribue des fonctions ſpéciales : l'un guérit du mal de dents, l'autre aſſiſte les femmes en couches, cet autre fait recouvrer ce qu'on a volé, tel autre fauve du naufrage ou protége les troupeaux. De même pour tout le refte, car l'énumération en ferait trop longue. Il y a des faints dont le crédit a plus de valeur, principalement la Vierge, mère de Dieu, à qui le vulgaire attribue plus de puiffance qu'à fon Fils. Or, ce que demandent ces hommes aux faints, n'eft-il pas auffi du reffort de la Folie? Songez-y, parmi tant d'ex-voto dont vous voyez remplis les murs des temples & leur voûte même, a-t-on jamais vu un témoignage d'une guérifon de la folie, de la métamorphofe d'un infenfé en fage? L'un s'eft échappé à la nage; l'autre a furvécu à la rage d'un ennemi; tel autre, au milieu du combat, dans le fort de la mêlée, a pu s'enfuir avec autant de bonheur que de courage. Celui-ci, mis en croix, a été détaché de la potence par la faveur d'un faint ami des larrons, & a pu recommencer à foulager les gens trop furchargés de richeffes. Celui-là s'eft évadé après avoir rompu fa prifon. Un autre, au grand courroux du médecin, eft revenu de fa fièvre. L'un a trouvé dans le poifon un remède & non la mort, au vif déplaifir de fa femme, qui voit fa peine & fes frais perdus; l'autre, malgré fa voiture verfée, a ramené fes chevaux fans atteinte; celui-ci, écrafé fous des ruines, a furvécu à un tel accident; celui-là enfin, pris fur le fait par un mari, a pu s'en tirer.

Perfonne, vous le comprenez, ne fait d'actions
de grâces pour la délivrance de la folie. Il eft fi
doux d'être fou, que les mortels éloignent de
leurs vœux toutes les autres conditions plutôt
que la folie même ; mais, vais-je m'aventurer
fur cette mer de fuperftition ? Non ! quand
j'aurais cent langues, cent bouches, une voix
de fer, je ne faurais dérouler toutes les efpèces
de la fottife, dénombrer tous les noms de la
Folie : tant le chriftianifme eft altéré par ces
extravagances ; néanmoins le clergé n'a pas

honte de les admettre & de les entretenir, n'ignorant pas combien fes gains en font accrus.

Cependant, fi quelque fage odieux fe levait & fe mettait à dire : «Vous ferez une bonne fin à condition que vous commencerez par bien vivre. Vous racheterez vos péchés en ajoutant à votre pièce de monnaie la haine fincère de vos fautes, les larmes, les veilles, les prières, les jeûnes &, en un mot, la converfion. Vous n'obtiendrez les faveurs de tel ou tel faint qu'en imitant fa vie. » Si ce moralifte faifait entendre un femblable langage, voyez de quel état heureux il tirerait les mortels, pour les ramener au trouble & au chagrin !

Je réclame pour la confrérie des fous ceux qui, de leur vivant, fe ménagent une pompe funèbre, qui même y mettent tant de minutie qu'ils en infcrivent nominativement toutes les torches, tous les gens en noir, tous les chantres, tous les acteurs gagés du deuil qu'ils veulent à leurs funérailles, comme s'ils devaient avoir quelque fatisfaction perfonnelle de ce fpectacle, ou, après leur mort, rougir de ce qui pourrait manquer en magnificence à leur enfouiffement ; ils y donnent autant de foins que s'ils avaient en qualité d'édiles à difpofer des jeux publics ou un banquet. Malgré mon défir de me hâter, je ne puis cependant paffer fous filence ces gens qui, ne différant en rien

du plus vil artifan, fe flattent prodigieufement
d'un vain titre de noblesse. L'un rapporte fa
race à Enée, l'autre à Brutus, cet autre à Arthur. De toutes parts, ils montrent des images
d'ancêtres peintes & fculptées. Ils comptent
leurs aïeux & leurs bifaïeux, & ils rappellent
des noms antiques, lorfqu'eux-mêmes ne dif-
fèrent pas beaucoup d'une ftatue muette,
prefque inférieurs à ces images qu'ils étalent.
Et pourtant, au gré de ce doux amour-propre
(Philautia), ils mènent une vie heureufe, & les

fous ne manquent pas qui regardent ces animaux comme des dieux. Mais que parlerai-je de
telle ou telle efpèce d'infenfés, quand partout
cette Philautia propage le bonheur? quand
celui-ci, plus hideux qu'un finge, fe fait à lui-
même l'effet d'un Nirée; quand cet autre, pouvant à peine tracer trois lignes avec un compas,
s'imagine être un Euclide? C'eft toujours l'hiftoire de l'âne près de la lyre. Et voyez cet autre,
il chante auffi mal que le coq & fe croit pourtant
un nouvel Hermogène. Mais il exifte un genre
beaucoup plus doux de fureur dont quelques-
uns font atteints; il confifte à s'attribuer,
comme de fon propre domaine, les qualités des
gens qui vous entourent. Tel, dans Sénèque, ce
riche deux fois heureux qui, pour raconter une
hiftoire quelconque, avait fous la main des
efclaves chargés de lui indiquer les noms; qui
était prêt à en venir au pugilat, homme d'ailleurs tellement faible, qu'il avait à peine le
fouffle & fe repofait fur la force des ferviteurs
qui rempliffaient fa maifon.

Faut-il ici rappeler les adeptes des arts? ce
font les privilégiés de Philautia, à tel point que
tu les verras difpofés à céder fur leur patrimoine
plutôt que fur leur efprit. Les comédiens furtout, les chanteurs, les orateurs, les poëtes,
plus ils font malhabiles, plus ils fe figurent excel-
ler dans leur art, plus ils fe vantent, plus ils

s'enflent. Et ils trouvent leurs complaifants :
plus un homme eft inepte, plus il a d'admirateurs ; pas de fottife qui n'ait beaucoup d'adhérents ; car la plus grande partie des hommes eft
vouée à la Folie. Ainfi les plus incapables font
les plus contents d'eux-mêmes & les plus admirés ; qui donc préférera le vrai mérite, lequel
coûte cher puifqu'il rend fâcheux & timide &
qu'il ne plaît qu'à un petit nombre d'hommes ?

La nature, je le vois bien, a comme implanté
fa Philautia chez tous les hommes, tous les

peuples, dans toutes les cités. Il en résulte que les Anglais recherchent par-dessus tout la beauté, la musique, la bonne chère; les Écossais la noblesse, la parenté royale & les arguties dialectiques; que les Français s'attribuent la civilité; les Parisiens, presque au détriment du reste, la science théologique; que les Italiens revendiquent la gloire des lettres & de l'éloquence, & que tous se payent de ce mot qu'ils sont les seuls mortels à ne pas être barbares. En ce genre de satisfaction, les Romains sont les plus avancés, qui continuent avec béatitude le songe de l'ancienne Rome. Les Vénitiens s'enchantent de l'opinion qu'ils ont de leur noblesse. Les Grecs, à qui la civilisation doit son origine, se réclament des héros, leurs ancêtres. Les Turcs, ce ramas de barbares, prétendent bien à la vraie religion, & se raillent des chrétiens superstitieux. C'est avec de plus grandes délices que les Juifs s'obstinent à attendre leur Messie & tiennent avec acharnement à leur Moïse aujourd'hui même. Les Espagnols ne concèdent à personne la gloire des armes; les Germains se font honneur de leur stature & de leur science magique. Et pour m'arrêter là, vous voyez suffisamment combien la Philautia fait naître de délices chez tous les mortels.

La Complaisance (*assentatio*) est sa bonne sœur. En effet, avec Philautia, on se flatte soi-

même. Flattez un autre, & voici Kolakia qui vient à la refcouffe. Mais, dira-t-on, la Flatterie eft décriée? foit, chez ceux qui tiennent aux mots plutôt qu'aux chofes. Ils imaginent que la Flatterie & la bonne foi ne peuvent exifter enfemble! or il en eft tout autrement, & l'exemple des brutes fuffit à le prouver. Quoi de plus flatteur que le chien? & en même temps de plus fidèle? quoi de plus careffant que l'écureuil apprivoifé? en eft-il moins ami de l'homme? A moins que vous ne vouliez rapporter davantage

à la nature humaine les lions farouches, les
tigres cruels, les furieux léopards. Je fais bien
qu'il eft une mauvaife Flatterie par laquelle les
perfides, les moqueurs attirent des malheureux
à leur ruine. Mais ce n'eft pas ma Flatterie à
moi; la mienne dérive d'un efprit bienveillant
& candide; elle eft bien plus voifine de la vertu
que cette âpreté qu'on lui oppofe, cette humeur
morofe & fâcheufe, hoftile à l'harmonie. Ma
Flatterie relève les découragés, égaie les mélan-
coliques, ftimule les pareffeux, réveille les ftupides, foulage les malades, adoucit les farouches,
rapproche les amoureux & les retient unis.
Ma Flatterie attire les enfants à l'étude des
lettres, met l'hilarité chez les vieillards, inftruit
& enfeigne les princes fous les couleurs de la
louange & fans les offenfer. En fomme, elle
rend chacun plus fatisfait, plus content de lui-
même, ce qui eft une partie & la principale
du vrai bonheur; qu'y a-t-il en effet de plus
officieux que de voir les mulets fe gratter
mutuellement ? Je ne voudrais pas dire que
c'eft là que réfide la plus grande part de cette
fameufe éloquence, & de la médecine, & de la
poéfie, que c'eft enfin le miel & le condiment
de toute la vie humaine. Mais il eft malheureux
d'être trompé, dira-t-on. Il eft encore plus
malheureux de n'être pas trompé. Ceux-là font
infenfés qui mettent le bonheur de l'homme

dans les chofes mêmes, tandis que ce bonheur
réfide dans l'opinion, car il y a une telle obfcurité, une telle variété dans les chofes humaines,
qu'on ne peut rien favoir clairement, comme
il a été fort bien dit par les gens de l'Académie,
mes mignons, & certes les moins hautains des
philofophes. S'il y a des chofes qu'on parvienne
à favoir, quel trouble dans la douceur de la vie!
Enfin, l'homme a été ainfi formé qu'il fe plaît
au menfonge beaucoup plus qu'à la vérité. Si
l'on en voulait avoir une expérience fenfible,

inconteftable, allez à l'églife, au fermon ; le fermon eft-il férieux, tous de dormir, de bailler, d'avoir la naufée. Suppofez que le crieur, pardon, je voulais dire le déclamateur, commence quelque conte de vieille femme, comme il arrive fouvent; tous les auditeurs fe réveillent, fe relèvent, ont la bouche béante ; de même s'il s'agit de quelque faint fabuleux & poétique, comme faint Georges, faint Chriftophe, fainte Barbe, vous trouverez une bien autre dévotion que pour fêter faint Pierre, faint Paul ou même le Chrift. Mais il ne s'agit pas de cela. Ditesvous que ce bonheur imaginaire eft à bon marché.

Que de peine il faut fe donner pour obtenir les chofes, même les moindres, telles que la grammaire, tandis qu'on prend fans effort l'opinion qui a autant & plus de relation avec le bonheur. En effet, fuppofez qu'un homme fe nourriffe de falaifons pourries dont tout autre ne pourra fupporter l'odeur, & qu'il y trouve le goût de l'ambroifie, quelle différence entre fon repas & celui des Olympiens ? Que cet autre ait pour femme un franc laideron qui lui paraiffe une autre Vénus, n'eft-ce pas comme s'il avait époufé une beauté ? que cet autre poffède une toile barbouillée & falie : s'il la contemple, s'il l'admire, s'il eft perfuadé tenir en fa poffeffion une peinture d'Apelle ou de

Zeuxis, ne fera-t-il pas plus heureux que celui
qui aura acheté gros le travail de ces grands
artiftes, deftiné peut-être à goûter moins de
plaifir dans ce fpeétacle.

J'ai connu un individu qui portait mon nom,
lequel à fa nouvelle époufe fit préfent de perles
fauffes, lui faifant accroire, comme il était
badin & difert, que non-feulement ces perles
étaient vraies & naturelles, mais encore d'un
prix rare & ineftimable. Je vous le demande,
quelle différence y avait-il pour la jeune femme

quand elle avait autant de plaifir à repaître fes
yeux & fon efprit de ces morceaux de verre,
quand elle confervait précieufement ces riens
comme un véritable tréfor? Le mari cependant
évitait les frais & jouiffait de l'erreur de fon
époufe qu'il s'était attachée auffi bien que par
un préfent très-coûteux. Prenons pour exemple
les hôtes de la caverne de Platon : ils admirent
les ombres & les fimulacres, fans rien demander
de plus; ils n'en font pas moins contents : en
quoi diffèrent-ils du philofophe qui, en dehors
de la caverne, voit la vérité? Prenez le Mycille
de Lucien; s'il lui eût été permis de prolonger
fon rêve opulent, fon rêve doré, aurait-il pu
fouhaiter une félicité plus parfaite? Pas de
différence donc entre les Fous & les Sages, ou,
s'il en exifte une, elle eft à l'avantage des Fous,
d'abord parce que leur bonheur leur coûte
très-peu, ne réfidant qu'en la perfuafion; enfuite
parce qu'ils en jouiffent avec beaucoup d'autres.
Or il n'y a point de plaifir à jouir d'un bien
fans compagnon. Qui de vous ignore, en effet,
le petit nombre des Sages, fi toutefois on en
trouve feulement un? Après tant de fiècles,
les Grecs comptent fept Sages : à compter de
près, je les défie d'en pouvoir trouver la moitié
d'un, à peine peut-être le tiers.

Parmi les louanges de Bacchus, on peut
compter en premier lieu qu'il ôte les foucis de

l'efprit, il eft vrai, pour peu de temps; car, fitôt
le vin cuvé, les peines reviennent fur leur qua-
drige blanc. Combien mes bienfaits font plus
complets, plus actifs! Je produis une ivreffe
continuelle, & je remplis le cœur de joie, de
délices, d'allégreffe, & cela fans effort. Je ne
laiffe même aucun mortel étranger à mes bienfaits, tout à l'encombre des autres divinités
qui partagent leurs faveurs entre les hommes.
En effet, le vin généreux & doux ne croît pas
dans tous les terrains, le vin qui chaffe les
foucis, qui fait avec lui couler les flots d'efpérance. Bien peu ont en partage le don de la
beauté, le préfent de Vénus; un plus petit
nombre l'éloquence, cadeau de Mercure. Hercule rarement concède les richeffes. Le pouvoir
eft encore plus rarement accordé par Jupiter.
Souvent Mars ne favorife ni l'une ni l'autre des
deux armées en préfence. Bien des gens quit-
tent attriftés le trépied d'Apollon. Le fils de
Saturne lance fréquemment la foudre; Phœbus
envoie quelquefois la pefte avec fes javelots.
Neptune fait périr plus de mortels qu'il n'en
fauve. Quant à ces Jupiters impuiffants, Pluton,
Até, la Peine, la Fièvre, & à d'autres divins
bourreaux de cette efpèce, pourquoi les rappeler? Moi feule, la Folie, j'embraffe tous les
hommes dans ma large bienveillance. Je n'at-
tends pas de vœux, je ne demande pas d'expia-

tions, fi quelqu'une de mes cérémonies fe trouve omife. Je ne trouble pas le ciel & la terre póur châtier quelqu'un qui, imitant tous les autrés dieux, me laifferait chez moi fans m'admettre à la fumée de fes victimes. En effet, les autres dieux mettent dans tous ces détails un efprit fi chagrin qu'il ferait préférable & plus fûr de les laiffer là que de les adorer. On devrait les traiter comme certains hommes d'humeur diffi-cile, irritables, querelleurs, qu'il vaut cent fois mieux avoir pour ennemis que pour familiers.

Mais, dira-t-on, perſonne ne ſacrifie en l'honneur de la Folie, perſonne ne lui érige des temples. Auſſi bien admirai-je plus d'une fois, je l'ai déjà dit, une ingratitude ſi frappante. Au reſte, je n'en prends ſouci qu'en proportion de ma facilité naturelle, & je ne regrette même pas ces honneurs. Pourquoi rechercherais-je un morceau d'encens, un gâteau de farine, un bouc, un cochon, quand chez tous les peuples tous les mortels m'offrent un culte qui reçoit l'approbation des théologiens eux-mêmes. A moins que je n'envie à Diane ſes ſacrifices de victimes humaines. Je me crois très-honorée quand de toutes parts on me porte dans le cœur, on me reproduit par les mœurs, on me repréſente par la conduite.

Ce genre de culte n'eſt pas fréquent chez les chrétiens à l'endroit des ſaints. La foule eſt nombreuſe des gens qui attachent une chandelle de cire aux pieds de la Vierge, & cela en plein midi, ſans nul beſoin. En revanche, combien peu de gens imitent ces mêmes ſaints dans leur vie chaſte, modeſte, épriſe du divin? Voilà quel ſerait le vrai culte, le plus agréable aux habitants du ciel. D'ailleurs ai-je affaire d'un temple quand tout l'univers m'eſt un temple, &, ſi je ne me trompe, le plus beau de tous. Certes les prêtres ne manquent pas, excepté là où il n'y a plus d'hommes. Je ne ſuis pas

d'ailleurs affez extravagante pour réclamer des
images fculptées en pierre ou fardées de couleurs
qui bien fouvent font nuifibles à notre culte,
quand ces mêmes images font adorées comme
les faints en perfonne par des efprits ftupides
& groffiers. Alors il arrive ce qui fe produit
pour ceux qui font fupplantés par leurs procurateurs. Je confidère tous les mortels comme
autant de ftatues qui me font érigées, vivantes
images de moi, quand même ils ne le voudraient
pas. Je n'ai donc rien à envier aux autres

dieux, s'ils font honorés dans tel ou tel coin de la terre, à tel ou tel jour férié. Adorez Phœbus à Rhodes, Vénus à Cypre, Junon à Argos, Minerve à Athènes, Jupiter à Olympie, Neptune à Tarente, Priape à Lampfaque, pourvu que le genre humain me fourniffe affidûment un nombre bien plus étendu de victimes. J'ai l'air de mentir impudemment : voyez donc la vie des hommes & vous faifirez ce qu'ils me doivent & l'eftime qu'ils ont pour moi. Nous n'irons point paffer en revue chaque condition, car ce ferait un trop long recenfement. Contentons-nous des principales dont nous pourrons juger le refte.

Eft-il néceffaire de rappeler le vulgaire, le bas peuple, pour favoir que fans controverfe il eft tout à moi ? En effet, il abonde en tant de formes d'extravagance, il invente tant d'abfur-dités quotidiennes que pour en rire mille Démocrites ne fuffiraient pas. Encore ces Démo-crites auraient-ils befoin d'un autre Démocrite pour rire d'eux. On ne faurait croire combien de rifées, de jeux, de divertiffements chaque jour tous ces petits humains fuggèrent aux dieux. Les dieux, en effet, emploient les heures qui précèdent midi, les heures fobres à entendre les prières des mortels ou leurs débats querel-leurs. Au refte, quand ils font humides de nectar & qu'il ne leur plaît plus de rien faire

de férieux, ils fe réuniffent au plus haut du
ciel & regardent en bas la comédie des mortels.
Aucun fpectacle ne leur plaît davantage. Bon
Dieu, quel théâtre que ce tumulte fi divers des
Fous ! Car bien fouvent moi-même j'y affifte
dans les rangs des dieux de la Fable.

Celui-ci fe meurt d'amour pour une femmelette, & moins il eft aimé plus il l'aime avec
frénéfie. Celui-là recherche une dot et non une
femme. Cet autre proftitue fon époufe. Ce
jaloux eft aux aguets comme Argus. Pour
un deuil que de fottifes ne dit-on pas, ne
fait-on pas ? on va jufqu'à louer des hiftrions
qui jouent la comédie de la douleur. Voyez
cet homme pleurer fur la tombe de fa marâtre.
Celui-ci donne à fon ventre tout ce qu'il peut
ramaffer, fans crainte de mourir de faim après ;
celui-là n'eftime rien de préférable au fommeil & au loifir. Il eft des gens qui, pour
les affaires d'autrui, fe mettent activement en
campagne & qui négligent leurs propres
affaires. Tel homme fe croit riche en ne
faifant que changer de créancier & quand il
a mangé tout fon bien. Tel autre, vraiment
pauvre, ne conçoit pas de plus grand bonheur
que d'enrichir fon héritier. Celui-ci, pour un
profit médiocre & incertain, s'envole fur toutes
les mers, confiant fa vie aux ondes & aux
vents, fa vie qu'aucune fomme d'argent ne

lui rendra. Celui-là aime mieux chercher à s’enrichir par la guerre que de paſſer à la maiſon des jours paiſibles. Il y a des individus qui penſent arriver très-avantageuſement à la fortune en captant la ſucceſſion de vieillards ſans enfants. Il n’en manque pas qui pourſuivent le même réſultat en s’attachant à de vieilles opulentes. Les uns & les autres donnent de bons ſujets de riſées aux dieux ſpectateurs, quand ils ſont trompés adroitement par ceux-là même qu’ils cherchent à ſéduire.

Les plus fous, les plus misérables de tous, sont encore les trafiquants : rien de plus misérable en effet que leur profession & que la manière dont ils la pratiquent ; à tout propos ils mentent, se parjurent, volent, fraudent, & pourtant se regardent comme les premiers des hommes, sans doute parce qu'ils ont les mains pleines d'or. Il ne manque pas de moinillons adulateurs pour admirer ces trafiquants, les qualifier de vénérables, sans doute pour attirer à eux une portion de ces biens mal acquis. Ailleurs vous verrez de ces pythagoriciens pour qui tout est commun, à tel point qu'ils s'approprient d'une âme sereine comme leur propre patrimoine tout ce qu'ils trouvent abandonné. Certaines gens ne font riches qu'en espérance & se créent des songes flatteurs qui leur suffisent pour leur félicité. Quelques-uns se réjouissent de passer pour riches, tandis qu'ils vivent pauvrement. Celui-ci se hâte de se ruiner, cet autre amasse à tout prix. Ce candidat brigue les honneurs populaires, ce nonchalant se délecte au coin du feu. Beaucoup d'hommes se démènent en procès interminables, &, de part & d'autre, se créent beaucoup de tracas pour enrichir un juge qui veut prolonger l'affaire & un avocat son complice. Tel individu ne rêve qu'innovations, tel autre que grandes entreprises. Tel va à

Jéruſalem, à Rome, au pèlerinage de Saint-
Jacques, où il n'a rien à faire, pendant qu'il
laiſſe au logis femmes & marmots.

Enfin, ſi du monde de la lune vous pou-
viez, comme autrefois Ménippe, découvrir les
tumultes humains, vous croiriez voir un
tourbillon de mouches ou de moucherons ſe
querellant, ſe combattant, ſe tendant des
piéges, ſe pillant, ſe jouant entre eux, folâ-
trant, & qui grandiſſent, & qui tombent,
& qui meurent. Non ! vous ne pourriez vous

imaginer les mouvements perpétuels, les perpétuelles tragédies de ce petit animal qui doit fi tôt périr. Et encore, pour le faire difparaître, que faut-il, une guerre, une pefte, mille autres accidents ? Moi-même, je ferais extravagante au dernier degré, digne de toutes les rifées d'un Démocrite, fi je voulais énumérer toutes les fottifes, toutes les infamies du vulgaire. Venons donc aux hommes qui gardent ici-bas l'apparence de la fageffe & qui prétendent au fameux rameau d'or.

Les premiers qui s'offrent à moi font les pédants, l'efpèce la plus lamentable, la plus déplorable, la plus haïe des dieux, fi je n'adouciffais les peines de leur profeffion par un petit grain de folie. Ce n'eft pas à cinq Furies, c'eft à mille qu'ils font livrés, comme l'indique une épigramme grecque ; toujours faméliques, toujours fordides dans leurs écoles : je dis leurs écoles, je devrais dire leurs moulins, leurs lieux de fupplice. Là, parmi des troupes d'enfants, ils vieilliffent dans le labeur, s'affourdiffent à force de criailleries, fèchent de puanteur & de faleté : pourtant, grâce à mes illufions bienfaifantes, ils fe figurent être les premiers des mortels. Ils font fi contents d'eux-mêmes, quand ils terrifient une troupe écolière par les menaces de leur vifage & de leur voix ; lorfqu'ils déchirent ces pauvres diables avec

des férules, des lanières, des verges, & qu'ils
infligent defpotiquement les punitions les plus
diverfes, fiers d'eux-mêmes comme l'âne de
Cumes. Pendant ce temps-là, leur craffe leur
paraît une coquetterie, leur puanteur embaume
à leur gré ; leur répugnante fervitude leur
femble une royauté, fi bien qu'ils ne change-
raient pas leur tyrannie contre l'empire de
Phalaris ou de Denys. Mais ce qui fait furtout
leur bonheur, c'eft la bonne opinion où ils font
de leur fcience. Ils ont beau n'inculquer aux

enfants que des fadaifes : quel eft le Palœmon,
le Donat qu'ils ne méprifent point ? Je ne fais
quels preftiges ils emploient : mais cette haute
idée qu'ils ont d'eux-mêmes, ils l'infpirent à de
fottes mamans, à des pères idiots. Ajoutez ces
délices qu'ils goûtent toutes les fois qu'un
d'entre eux furprend le nom de la mère
d'Anchife ou un mot ignoré dans un livre
poudreux. S'ils trouvent *bubfequa, bovinator,
mantinator;* s'ils découvrent un fragment de
vieille pierre avec une infcription mutilée, ô
Jupiter ! quelle exultation, quels triomphes,
quelles félicitations enthoufiaftes ! on dirait
qu'ils ont vaincu l'Afrique ou pris Babylone.
Mais qu'eft-ce donc quand ils montrent avec
étalage leurs vers infipides & glacés, non fans
trouver des admirateurs ? ils croient que l'âme
de Maron a paffé dans leur poitrine. Rien ne
vaut encore leurs éloges mutuels, leurs congra-
tulations réciproques, pour fe déchirer enfuite,
tout cela comme par une loi de talion. Si l'un
d'eux s'eft trompé fur un mot, & que fon
confrère plus clairvoyant ait eu la bonne
fortune de s'en apercevoir, par Hercule, quelles
tragédies, quelles luttes de gladiateurs, quel
déchaînement d'injures & d'invectives ! Je veux
avoir tous les pédants contre moi, fi je dis rien
qui foit contraire à la vérité. Je connais un
homme habile dans tous les arts, hellénifte,

latiniſte, mathématicien, philoſophe, médecin,
& de façon royale, déjà ſexagénaire, qui, laiſſant
tout autre ſoin de côté, depuis plus de vingt
ans ſe tourmente, ſe conſume ſur la grammaire,
heureux à fin de compte s'il lui eſt donné de
vivre aſſez pour déterminer les huit parties
du diſcours, ce que n'a pu complétement faire
aucun Grec, aucun Latin. Comme ſi c'était un
ſujet de guerre de prendre une conjonction pour
un adverbe. Et, de cette manière, comme il y
a autant de grammaires que de grammairiens,

vu que mon cher Alde à lui feul a publié plus de cinq ouvrages de ce genre, mon homme ne laiffe jamais aucune grammaire, même écrite dans un ftyle pénible ou barbare, fans la feuilleter, la retourner en tous fens : il porte envie à quiconque, dans cet ordre de travaux, fait paraître la moindre ineptie ; il vit en de douloureufes alarmes, craignant toujours qu'on ne lui raviffe cette gloire & que les labeurs de tant d'années ne foient ftériles pour lui. Comment voulez-vous qualifier fa conduite? de folie ou de fottife ? A votre choix, pourvu que vous m'accordiez que, grâce à mes bienfaits, ce malheureux animal de pédant s'eft élevé à un tel faîte de bonheur que, pour rien au monde, il ne permuterait avec les rois des Perfes.

Les poëtes me font moins redevables, bien que, par profeffion, ils foient de ma clientèle. C'eft en effet une race libre, felon l'adage, dont tout le travail ne tend qu'à flatter les oreilles des Fous avec de pures babioles & des fables ridicules. Et cependant, à l'aide & de ces fables & de ces babioles, il eft prodigieux de voir comme ils fe promettent l'immortalité, comme ils la promettent aux autres. C'eft bien cette race qui a pour familières ma Philautia (l'Amour-propre) & ma Kolakia (la Flatterie) ; car aucune efpèce de mortels ne témoigne pour moi un culte plus franc ni plus conftant.

Les rhéteurs relèvent encore de moi : je fais bien qu'ils me font des traits & s'entendent avec les philofophes : cependant ce qui les fait reconnaître comme mes clients, c'eft qu'outre leurs propres fottifes ils ont férieufement écrit fur la manière de plaifanter. Auffi bien la Folie eft-elle comptée parmi les différentes efpèces de la raillerie par celui qui a compofé la *Rhétorique à Hérennius.* Quintilien, le maître de l'Ecole, n'a-t-il pas fait fur le rire un chapitre plus ample que l'Iliade ? Enfin ces rhéteurs attribuent un tel prix à la Folie que, fouvent, à leur dire, quand on ne trouve point d'affez bons raifonnements, on fort d'un mauvais pas à l'aide du rire. Rien de plus fûr, à moins qu'on ne prétende que l'art de provoquer le rire par la bouffonnerie ne reffort pas de mon domaine.

Rangez encore dans la même catégorie tous ces gens qui pourfuivent la renommée en publiant des livres. Ces gens-là me doivent tout, principalement ceux qui n'impriment que des fottifes. En effet, ceux qui s'ingénient à n'écrire que pour l'élite des doctes & felon les exigences du goût, ceux qui ne récufent le jugement ni d'un Perfe ni d'un Lélius, me femblent plutôt à plaindre qu'à féliciter ; car ils fe mettent à tout propos l'efprit à la torture. Ils ajoutent, changent, retranchent, replacent, reforgent, montrent leurs ouvrages, les tiennent enfermés pour neuf ans & jamais ne font contents d'eux; ils achètent le plus frivole des avantages, la gloire, privilége encore d'un bien petit nombre d'hommes, au prix des veilles, de toutes les douceurs de la vie, au prix des fueurs & des tourments. Ajoutez maintenant la perte de la fanté, la perte de la beauté, la chaffie, parfois même la cécité, la pauvreté, l'envie, l'abftinence des voluptés, la vieilleffe hâtive, la mort prématurée & tout le cortége des difgrâces. Voilà pourtant par quels maux le fage achète l'eftime de deux ou trois chaffieux de fon efpèce.

Parlez-moi d'un auteur qui me prend pour infpiratrice! comme il eft heureux dans fon délire, lorfque fans méditation, d'après ce qui lui vient à l'efprit, felon le caprice de fa plume, il confie au papier, fans y avoir regret, fes rêves tels quels : il n'ignore pas fans doute que, plus il écrit d'abfurdités, plus il aura d'approbateurs, à favoir tous les ignorants & tous les Fous. Que lui importe maintenant le dédain des deux ou trois fameux favants qui viendront à lire fon ouvrage? Quel fera le poids d'un fi petit nombre de fages au milieu d'une immenfe foule prête à protefter en fa faveur? Plus avifés font les plagiaires qui donnent pour leur l'œuvre d'autrui, &, avec de fimples fubftitutions de mots, font paffer fur leur tête une gloire acquife à

grand'peine; ils comptent fans doute que fi leurs
larcins un jour ou l'autre font reconnus, ils en
auront tiré profit pendant quelque temps. Voyez
leur air fatisfait, quand on les livre en public,
lorfque dans la foule on les montre du doigt :
« C'eft bien lui, c'eft bien cet homme! » qu'ils
font en vue chez tous les libraires, qu'à la tête
de chaque page s'étalent leurs noms, au nombre
de trois pour le moins, & des noms étrangers
femblables à des mots magiques. Et pourtant
ce ne font que des mots. Et ces noms, qui les
connaîtra, en regard de la vafte étendue de
l'univers? Combien en feront cas! chez les
ignorants eux-mêmes les goûts font fi divers.
Ces noms mêmes le plus fouvent ils font forgés
ou pris aux livres des Anciens. Celui-ci fe fait
appeler Télémaque; celui-là Sthénélus ou
Laerte; cet autre Polycrate, cet autre enfin
Thrafymaque. Auffi bien pourraient-ils fe
faire appeler caméléons, citrouilles, ou, felon
la coutume de quelques philofophes, donner à
leurs livres le titre d'*alpha* ou de *bêta*. Mais ce
qui eft le plus charmant, c'eft de les voir fe
louer mutuellement avec des épîtres, des poëmes,
des éloges, fots qui s'adreffent à des fots, ignorants à des ignorants. Ils fe difent réciproque-
ment : « Vous l'emportez fur Alcée, vous
dépaffez Callimaque, vous éclipfez Cicéron,
vous effacez Platon. » Quelquefois même ils

entrent en lice pour augmenter leur renom par
ces fortes de tournois. De là chez le vulgaire
une attentive curiofité, un partage de fentiments; mais les deux antagoniftes fortent du
champ clos avec les allures de la victoire
& l'affurance du triomphe. Les fages en rient
comme d'une infigne folie. Nul ne fonge à le
nier. Mais pendant ce temps, par mon bienfait, ces plagiaires mènent une vie délicieufe,
& n'échangeraient pas leurs triomphes contre
ceux des Scipions.

Cependant les doctes eux-mêmes qui se
moquent de pareils auteurs avec complaisance,
& semblent jouir de l'insanité d'autrui, ont
encore des dettes envers moi; ce qu'ils ne sau-
raient contester à moins d'être les plus ingrats
de tous les hommes. Parmi les érudits ce sont
les jurisconsultes qui réclament le premier rang
& qui sont le plus contents d'eux-mêmes; cependant qu'ils roulent le rocher de Sisyphe
d'une main assidue, & que d'une seule haleine
ils trament le tissu de mille lois plus ou moins
concordantes avec les choses, accumulant gloses
sur gloses, opinions sur opinions, ils font de
leur étude la plus malaisée de toutes. En effet,
ils ne tiennent en honneur que ce qui coûte
beaucoup de peines. Nous pouvons adjoindre
à leur confrérie les dialecticiens & les sophistes,
plus bavards que l'airain de Dodone; n'importe
lequel d'entre eux pourrait lutter en babillage
avec vingt femmes bien choisies; mieux vau-
drait pourtant qu'ils fussent seulement jaseurs
& non querelleurs par surplus! pour des poils
de chèvre ils se disputeront avec acharnement,
& dans ces altercations prolongées ils perdront
la plupart du temps le sens du vrai. Mais c'est
encore Philautia qui fait leur bonheur : armés
de trois syllogismes, sans la moindre hésitation,
ils sont prêts à en venir aux mains avec le
premier venu; leur entêtement les rend nvin-

cibles, quand bien même on leur opposerait un Stentor.

Viendront enfuite les philofophes, vénérables par leur barbe & leur manteau, qui s'attribuent le monopole de la fageffe & affimilent à des ombres le refte des mortels. Quel charmant délire, quand ils conftruifent des mondes innombrables ; qu'ils mefurent comme avec le pouce ou avec un fil le foleil, la lune, les étoiles ; qu'ils donnent fans jamais héfiter les caufes de la foudre, des vents, des éclipfes & d'autres

phénomènes inexplicables, comme s'ils avaient
été dans les fecrets de la nature ouvrière, comme
s'ils nous venaient tout droit du confeil des
dieux. Pendant ce temps, la nature fe moque
d'eux avec leurs hypothèfes. En effet, ils
n'ont aucune connaiffance certaine; ce qui le
prouve bien, ce font leurs difcuffions fans
réfultat fur toutes les queftions. En réalité, ils
ne favent rien & prétendent tout favoir. Remarquez qu'ils ne fe connaiffent pas eux-mêmes
& ne diftinguent point fous leurs pieds une
foffe ou un rocher devant eux, foit qu'ils n'y
voient pas clair, foit que leur efprit voyage;
cependant ils prétendent bien difcerner les
idées, les univerfaux, les formes fubftantielles,
la matière première, les quiddités, les entités,
chofes tellement fubtiles qu'à mon avis Lyncée
ne pourrait pas les démêler. Où leur mépris
éclate pour le profane vulgaire, c'eft bien dans
les mathématiques, lorfqu'avec leurs triangles,
leurs carrés, leurs cercles & autres figures du
même genre tracées les unes fur les autres
& mêlées en forme de labyrinthe, avec leurs
lettres difpofées en ordre de bataille & ramenées
encore à d'autres combinaifons, ils jettent des
ténèbres fur les yeux des ignorants. J'aurais
garde d'omettre auffi ces aftrologues qui prédi-
fent l'avenir après avoir confulté les aftres,
& annoncent des merveilles furnaturelles,

trouvant encore des gens affez fimples pour y croire.

Il ferait peut-être opportun de paffer fous filence les théologiens &, comme Apollon l'a dit, de ne pas remuer Camarine, de ne pas toucher à cette herbe d'Anagyre : c'eft, en effet, une race d'hommes étrangement fourcilleufe & irritable, qui, s'ils ne m'attaquent pas en troupe avec mille conclufions, s'ils ne me contraignent pas à la palinodie, devant mes refus, crieront fur-le-champ à l'hérétique. Car

telle eft la foudre qu'ils accoutument de bran-
dir, quand ils voient quelqu'un d'un mauvais
œil. Il n'y a pas de gens qui reconnaiffent de
moins bonne grâce mes bienfaits à leur endroit :
cependant ils ne me font pas attachés à de
médiocres titres. Ils ont auffi leur Philautia
pour les rendre heureux, leur faire habiter
comme un troifième ciel & regarder de haut
le refte des mortels, ainfi qu'animaux rampant
fur le fol & qu'ils traitent en pitié. Avec leur
cortége de définitions magiftrales, de conclu-

fions, de corollaires, de propofitions explicites
& implicites, ils ont tant d'échappatoires
qu'avec leurs fameufes diftinctions ils fe tire-
raient du filet même de Vulcain : c'eft ainfi
qu'ils tranchent fi facilement tous les nœuds
que la hache de Ténédos ne ferait pas mieux :
tant ils ont en abondance des vocables inventés
& des termes prodigieux. N'expliquent-ils pas
d'ailleurs tous les myftères au gré de leurs
fantaifies, comment le monde a été créé, divifé,
de quelle façon la tache originelle du péché eft
venue jufqu'à nous de nos premiers parents, de
quelle manière, dans quelles limites, combien
de temps le Chrift s'eft renfermé dans le fein
d'une vierge, comment s'accomplit le myftère
de l'Euchariftie ? Mais ce font là queftions
banales. Voilà celles qu'ils jugent dignes de
grands théologiens &, comme ils le difent,
de théologiens illuminés : voilà les thèmes qui
les réveillent s'ils ont quelque défaillance :
« Y a-t-il un inftant dans la génération divine ?
y a-t-il eu plufieurs filiations dans le Chrift ?
Cette propofition, Dieu le père hait fon fils,
eft-elle poffible ? Dieu aurait-il pu s'unir avec
une femme, avec le diable, avec un âne, une
citrouille, une pierre ? Une citrouille aurait-elle
pu prononcer des difcours, faire des miracles,
être crucifiée ? Qu'eft-ce que Pierre aurait confacré, s'il avait eu à accomplir la confécration,

au moment où le corps du Chrift pendait à la
croix? Au même moment pouvait-on appeler le
Chrift un homme? Après la réfurrection, fera-
t-il permis de boire & de manger? car déjà nos
théologiens prennent d'avance les intérêts de
leur faim, le fouci de leur foif. Il y a d'innombrables niaiferies, plus fubtiles encore que tout
cela, fur les notions, les relations, les inftants,
les formalités, les quiddités, les eccéités, que
perfonne ne peut fuivre même du regard, à
moins d'être un Lyncée; car il lui faudrait dif-

tinguer à travers les plus épaisses ténèbres des objets qui n'existent pas. Ajoutez une morale si contraire à la raison que ces oracles des Stoïciens qu'on appelle paradoxes n'étaient en comparaison que du gros bon sens fait pour courir les rues. Par exemple, cette opinion que le crime est moins grand d'égorger mille hommes que de raccommoder le soulier d'un pauvre le dimanche, & de même qu'il faut risquer plutôt de voir périr le monde entier avec tout ce qui en dépend que de dire le plus léger mensonge. Ces subtilités si subtiles sont encore plus subtilisées par toutes les voies de la philosophie. Vous vous tireriez plus promptement du labyrinthe que des voiles étendus par les Réalistes, les Nominaux, les Thomistes, les Albertistes, les Occanistes, les Scotistes : encore n'ai-je pas indiqué toutes les sectes, mais seulement les principales. Il y a, du reste, dans toutes tant de fatras d'érudition, tant de difficultés épineuses qu'à mon avis les Apôtres eux-mêmes auraient besoin d'une nouvelle visite du Saint-Esprit s'ils étaient forcés d'en venir aux mains sur toutes ces questions avec cette nouvelle race de théologiens. Saint Paul a pu donner la foi aux autres; mais ce même saint Paul, quand il dit: « La foi est la substance des choses à espérer, l'argument des choses qui ne paraissent point », a fait là pour nos théologiens une définition

peu magiftrale. D'après les mêmes données, s'il
a d'exemple prêché la charité, il la détermine,
la définit en médiocre dialecticien, dans fa première épître aux Corinthiens, au chapitre trei-
zième.

Certes les Apôtres confacraient pieufement
l'Euchariftie, & pourtant, fi on leur avait
demandé les différents termes de ce myftère, la
nature de la tranffubftantiation, la manière dont
un même corps peut être en divers lieux, la
façon différente dont le corps du Chrift eft au
ciel, a été fur la croix, fe trouve dans le facre-
ment de l'Euchariftie ; à quel inftant la tranffubftantiation peut fe faire ; quand les paroles
qui la provoquent divifées en fyllabes font néceffairement fucceffives ; ces mêmes Apôtres, à ce
que je crois, n'euffent pas répondu avec tant de
fineffe que les fcolaftiques en mettent à differter
fur ces matières ou à les définir. Ces Apôtres
encore connaiffaient la mère de Jéfus, mais
lequel d'entre eux a démontré dialectiquement
par quel privilége Marie a été préfervée de la
tache originelle comme l'ont fait nos théologiens ?

Saint Pierre a reçu les clefs & les a reçues de
Celui qui ne les eût pas confiées à un indigne,
& pourtant je ne fais s'il eft arrivé à cette hauteur de fubtilité où l'on comprend comment
celui qui n'a pas la fcience peut avoir la clef de

la fcience. Les Apôtres baptifaient affez fréquemment, ce femble, & pourtant jamais ils n'ont enfeigné quelle eft la caufe formelle, efficiente, matérielle & finale du baptême; ils n'ont fait aucune mention de fes caractères effaçables ou ineffaçables. Ils adoraient, fans doute, mais en efprit, ne fuivant pas d'autre règle que cette parole de l'Evangile : « Dieu eft efprit & ceux qui l'adorent doivent l'adorer en efprit & en vérité. » Cependant il ne femble pas qu'on leur ait révélé la néceffité de confondre dans une même adoration le Chrift & fon image deffinée fur le mur avec du charbon, pourvu que cette image offre deux doigts étendus, une chevelure bouclée, & fur le haut de la tête trois rayons. Qui peut arriver à comprendre toutes ces fubtilités s'il n'a paffé trente-fix ans à ufer fon efprit fur les traités phyfiques & métaphyfiques d'Arif-tote & de Scot ?

De même les Apôtres font pénétrer la grâce dans les âmes, mais jamais ils ne diftinguent la grâce gratuite de la grâce gratifiante. Ils exhortent aux bonnes œuvres, mais fans difcerner l'action opérante & l'action opérée. Ils inculquent la charité, mais fans féparer la charité infufe de la charité acquife, & ils n'expliquent pas fi elle eft accident ou fubftance, chofe créée ou incréée. Ils déteftent le péché, mais que je meure s'ils peuvent définir fcientifiquement la nature du péché, n'ayant pas été à l'école du Saint-Efprit des Scotiftes! Si faint Paul, dont le génie doit faire juger de celui de tous les autres, avait bien connu ces théories du péché, certes il n'eût pas tant de fois condamné les contentions, les queftions, les filiations d'arguments, &, comme il le dit, la « logomachie » : d'ailleurs toutes les difcuffions, toutes les controverfes de ces temps primitifs étaient ruftiques, groffières, en comparaifon des fubtilités par lefquelles nos maîtres fcolaftiques ont dépaffé Chryfippe. Et pourtant nos théologiens font encore modeftes : s'ils trouvent dans les Apôtres quelque paffage par trop raboteux & pas affez magiftral, ils ne le condamnent point, mais l'interprètent à leur manière : c'eft une conceffion qu'il leur plaît de faire en partie à l'antiquité, en partie au nom apoftolique. En effet, il ne ferait guère équitable d'exiger de telles connaiffances des Apôtres, quand leur divin Maître ne leur en avait pas dit le premier mot.

S'ils trouvent de pareilles bévues dans les Chryfoftome, les Bafile, les Jérôme, ils fe contentent d'infcrire : « Cela n'eft pas reçu. » En effet, ces docteurs ont réfuté les philofophes païens & les Juifs, gens très-opiniâtres de leur nature, mais ils les ont réfutés plutôt par leur vie & leurs mœurs que par des fyllogifmes : d'ailleurs leurs adverfaires n'euffent pu atteindre

aux raifonnements de Scot. Aujourd'hui quel
païen, quel hérétique ne céderait immédiatement à ces fubtilités fi ténues à moins d'être
affez groffier pour ne les point faifir, ou affez
impudent pour les railler, ou bien encore affez
armé pour foutenir la bataille. Alors ce ferait
mettre aux prifes un magicien avec un magicien,
ou faire combattre un homme avec un autre
homme étant tous deux pourvus d'une épée
enchantée; on dirait le travail de la toile de
Pénélope! A ce propos les Chrétiens auraient

grandement raifon fi aux lieu & place de ces belliqueufes cohortes qu'ils envoient en guerre contre les Turcs & les Sarrafins depuis fi long-temps & avec des chances fi incertaines, ils dépêchaient dans la même intention une croi-fade de Scotiftes criards, d'Occaniftes entêtés, & d'invincibles Albertiftes, des Sophiftes bro-chant fur le tout. Ce ferait une bien belle bataille, une victoire fans précédent. Qui ferait affez de glace pour ne pas s'enflammer à un tel feu? affez pefant pour ne point fentir un tel éperon? affez clairvoyant pour n'être pas ébloui par de telles illuminations?

J'ai l'air de badiner, ne vous en étonnez pas. Parmi les théologiens il y a des gens d'un favoir plus folide à qui ces arguties, frivoles à leur avis, ne font que donner la naufée. Il en eft qui exècrent ces fubtilités comme une manière de facrilége, & qui regardent comme une impiété de difcourir à bouche que veux-tu fur des myf-tères plutôt faits pour être adorés que pour être expliqués, de difcuter à leur fujet avec des arguties profanes & païennes, de définir avec tant d'arrogance les plus hautes vérités & d'al-térer la majefté de la divine théologie par des fentences & des paroles qui n'ont rien que de froid & de bas.

Il eft vrai que, malgré tout, ces difputeurs continueront à être enchantés d'eux-mêmes

& à s'applaudir, fi bien qu'occupés jour & nuit
à ces fuaves nénies ils ne gardent pas le moindre
loifir pour daigner même une fois lire l'Evangile ou les épîtres de faint Paul. Cependant,
appliqués à ces bagatelles dans leurs écoles, ils
s'imaginent que l'Eglife entière tomberait fi
leurs fyllogifmes n'étaient là pour la foutenir :
tel Atlas chez les poëtes fupporte le ciel fur fes
épaules. Quelle félicité pour eux de manier les
faintes Ecritures comme de la cire, de les
façonner, de les transformer à leur fantaifie! Ils

ofent bien foutenir que leurs décifions auxquelles plufieurs fcolaftiques ont déjà foufcrit
font plus réfpectables que les lois de Solon, plus
vénérables que les ordonnances des Papes ;
puis, tandis qu'à l'inftar des cenfeurs ils appellent le genre humain à fe rétracter, fitôt que
quelque chofe ne cadre pas exactement avec
leurs conclufions, ils vont prononcer d'un ton
d'oracle : « Cette propofition eft fcandaleufe,
cette autre peu révérencieufe, celle-ci fent
l'héréfie, celle-là fonne mal. »

Ainfi ni le baptême, ni l'Evangile, ni faint
Paul, ni faint Pierre, ni faint Jérôme, ni faint
Auguftin, ni même Thomas d'Aquin, le grand
ariftotélique, ne peuvent faire un chrétien, fi les
bacheliers ne s'en mêlent : telle eft leur fubtilité
en fait d'orthodoxie. Qui jamais aurait cru que
l'on n'était pas chrétien en difant que « Socrate
tu cours » & « Socrate court » ont la même
valeur? il a fallu ces fcolaftiques pour nous
l'apprendre. Qui donc aurait purgé l'Eglife de
telles erreurs puifqu'on n'eût jamais lu de
pareilles propofitions, s'ils ne les avaient dénoncées eux-mêmes par leurs grands cachets ? Ne
font-ce pas des gens bien heureux? Ils vous
dépeignent dans les moindres détails l'intérieur
de l'Enfer, comme s'ils avaient vécu plufieurs
années dans la république des diables. En outre,
ils font à leur gré des cieux nouveaux; ils y

ajoutent par furcroît un ciel fuprême, le plus
large, le plus beau, fans doute pour fournir
aux âmes des bienheureux un féjour où fe
promener, fe donner des feftins, jouer même à
la paume.

Tous nos ergoteurs ont tant de balivernes
dans la tête que le cerveau de Jupiter n'était
pas auffi gros quand pour accoucher de Minerve
il implorait la hache de Vulcain. Ne vous
étonnez donc pas, fi dans les difcuffions publiques vous voyez leurs têtes enveloppées d'un fi

grand nombre de bandes! car autrement leurs cervelles fauteraient. Je ne puis m'empêcher d'en rire. Ces individus ne fe croient théologiens que s'ils parlent un jargon hideux & barbare, & encore bégaient-ils tellement qu'ils ne peuvent être compris que par un bègue! n'appellent-ils pas génie ce que le vulgaire n'entend point? En effet, ils prétendent qu'on ravilit la dignité des faintes Ecritures quand on les foumet aux lois de la grammaire. Etrange majefté des théologiens à qui feulement il eft permis de parler contre la pureté du langage; il eft vrai que la canaille partage avec eux cette prérogative. Enfin ils fe placent immédiatement au-deffous des dieux; car, toutes les fois qu'avec une forte de piété on les falue du nom de maîtres, ils croient attachée à ce nom une vertu comme aux quatre lettres des Juifs; auffi regarderaient-ils comme facrilége de ne pas écrire *Magifter nofter* en gros caractères. Si quelqu'un s'avifait d'intervertir ainfi: « *Nofter magifter* », il leur paraîtrait renverfer toute la majefté du nom théologique.

Viennent enfuite des gens non moins fortunés, ceux qui s'intitulent ordinairement religieux & moines, deux noms ufurpés, car la plus grande partie d'entre eux eft très-éloignée de la religion, & je ne connais pas de gens moins folitaires. Je ne vois rien de plus à plaindre que

cette efpèce, fi je ne lui étais pas fecourable de
cent façons. En effet, ils font tellement haïs des
hommes que leur rencontre eft réputée de mauvais augure; & pourtant ils vivent enchantés
d'eux-mêmes. Et d'abord leur plus grande
dévotion confifte à ne pas connaître les lettres,
à ne pas favoir lire. Enfuite, fans comprendre
leurs pfaumes, dont ils retiennent uniquement
la mefure, ils les débitent au chœur avec des
voix d'ânes : auffi bien s'imaginent-ils donner
au ciel un divin concert. Il en eft dans le

nombre qui font grand profit de leur faleté, de leur mendicité : aux portes des maifons ils demandent leur pain en mugiffant ; point d'auberges, de voitures, de vaiffeaux qu'ils n'importunent, & cela tout au détriment des mendiants ordinaires. C'eft ainfi que ces dignes gens, par leur craffe, leur ignorance, leur rufticité, leur impudence, prétendent nous rappeler les Apôtres. Quoi de plus divertiffant que toutes leurs actions réglées, comme foumifes à des calculs mathématiques dont l'omiffion ferait

facrilége : tant de nœuds au foulier, la fangle
d'une couleur prévue, la robe bigarrée d'une
certaine façon ; une matière, une largeur déterminées pour la ceinture ; une forme, une ampleur
fpéciales pour le capuchon ; une étendue de tant
de doigts pour la tonfure, un nombre d'heures
invariable pour le fommeil. Jugez combien
cette uniformité eft en diffidence avec une telle
variété de corps & d'efprit. Et c'eft pour cette
puérile réglementation que les moines non-feulement méprifent le refte du clergé, mais encore
fe confpuent les uns les autres ; que des hommes
qui font profeffion de charité apoftolique, pour
une différence d'habit, pour une couleur plus
ou moins fombre, nous donnent le fpectacle de
querelles vraiment tragiques.

Vous en verrez parmi ces moines fi rigides
dans leurs fcrupules qu'ils portent au dehors le
cilice, mais en deffous ils ont bien foin d'avoir
le tiffu de Milet ; d'autres, au contraire, nous
montrent le lin en deffus, la laine en deffous.
Il en eft d'autres qui fuient comme l'aconit le
contact de la monnaie, fans favoir fe préferver
du contact des femmes & du vin. Tous d'ailleurs
mettent leur étude à fe diftinguer. Ils ne cherchent pas à fe rendre femblables au Chrift, mais
très-diffemblables entre eux. Tout leur plaifir
repofe fur la diverfité de leurs noms. Les uns
s'honorent d'être appelés Cordeliers, & c'eft

d'eux que dérivent les Récollets, les Mineurs,
les Minimes, les Bullistes. Les uns font béné-
dictins, les autres bernardins, ceux-ci de Sainte-
Brigitte, ceux-là de Saint-Augustin, les uns
guillemins, les autres jacobins. Ne leur suffirait-
il pas d'être appelés chrétiens?

La plupart de ces moines font un tel état
de leurs cérémonies & des petites traditions
humaines, que le ciel leur paraît à peine digne
de tous leurs mérites; ils ne songent pas que le
Christ, au mépris de toutes leurs puérilités,

jugera d'après fon précepte qui eft la Charité. Alors l'un pourra montrer à ce juge fa panfe engraiffée par toute forte de poiffons. L'autre étalera des pfaumes par boiffeaux; celui-ci énumérera des myriades de jeûnes & imputera les difgrâces de fon eftomac au repas unique qu'il s'eft impofé de prendre tant de fois; celui-là apportera un tel monceau de cérémonies qu'à peine fept vaiffeaux le pourraient tranf-porter. Cet autre fe glorifiera d'être refté foixante ans fans toucher de l'argent, finon avec deux doigts enveloppés. Tel autre produira fon capuchon tellement fordide & craffeux qu'un batelier n'en voudrait pas; celui-ci rappellera que pendant onze luftres il a toujours vécu à la même place comme une éponge; celui-là fe vantera d'avoir enroué fa voix à chanter conti-nuellement; cet autre fe glorifiera d'avoir épaiffi fon cerveau dans la folitude, & ce dernier enfin d'avoir engourdi fa langue dans la perpétuité du filence.

Cependant le Chrift, interrompant ces inter-minables accès de gloriole, s'écriera : « D'où vient cette nouvelle efpèce de Pharifiens? Je ne reconnais qu'une feule loi, la mienne, dont je ne vous entends point parler. Et autrefois fans détour, fans aucune enveloppe de paraboles, j'ai promis l'héritage de mon Père non pas à des frocs, à des oraifons, à des abftinences, mais

aux œuvres de la Foi & de la Charité. Je
n'avoue point pour les miens ceux qui s'en font
trop accroire ſur leurs mérites, ceux qui veulent
paraître plus ſaints que moi. Qu'ils aillent, s'ils
le veulent, occuper le ciel des Abraxaſiens, ou
qu'ils ſe faſſent conſtruire un paradis ſpécial
par ceux dont ils ont préféré les traditions frivoles à mes préceptes. » Quand ils entendront
cette ſentence & qu'ils verront élus avant eux
des matelots & des cochers, de quel viſage ſe
regarderont-ils ? Mais, en attendant, ils ſont

heureux de par leurs efpérances & grâce à mes bienfaits.

Encore que tous ces moines foient à l'écart de la république, perfonne pourtant n'ofe les déprifer, furtout les mendiants, parce qu'ils tiennent tous les fecrets par la confeffion; fans doute ils fe feraient un crime de la révéler, à moins qu'ils ne veuillent fe déleéter à de bons contes; alors ils indiquent les chofes en les laiffant deviner, ne gardant de myftère que pour les noms. Si l'on irrite ces frelons, ils fe vengent de la bonne manière dans les affemblées publiques, & ils marquent leur ennemi d'allufions en vifant fi bien que tous comprennent, fauf celui qui ne comprend jamais rien; d'ailleurs ils ne ceffent d'aboyer que la bouche fermée par un gâteau. Eft-il du refte un comédien, un charlatan qui vous donnerait un fpeétacle auffi rifible que ces rhéteurs dans leurs fermons, finges admirables de toutes les règles, de toutes les traditions de la rhétorique. Bon Dieu ! comme ils gefticulent, comme ils font habiles à changer de voix, comme ils chantonnent, comme ils fe remuent, comme ils transforment leurs phyfionomies, comme ils font retentir toute l'enceinte de leurs clameurs! Ce genre de faconde, ils fe le paffent de main en main, de frère en frère, comme un rite myftérieux. Quoique n'y étant pas

initiée, j'effaierai de m'en rendre compte par
conjectures.

Ils commencent par une invocation, habitude
prife aux poëtes; enfuite, ayant à parler de la
Charité, ils puifent leur exorde dans le fleuve
du Nil. Ont-ils à traiter du myftère de la Croix,
ils débutent par Bel, ce dragon de Babylone.
Eft-ce le Carême qu'ils doivent expofer : ils
ouvriront leur difcours par les douze fignes du
Zodiaque; un fermon fur la Foi s'inaugurera
par la quadrature du cercle. J'ai entendu moi-

même un de ces moines, fot perfonnage, pardon, je voulais dire doôte, qui devait élucider le myftère de la Sainte-Trinité devant une nombreufe affemblée de fidèles : or, pour étaler la rareté de fa doctrine, pour fatisfaire les oreilles théologiques, il entra dans une voie nouvelle. Voyez-le débuter par les lettres de l'alphabet; de là il paffe aux fyllabes, puis aux mots, puis à la concordance du nom & du verbe, de l'adjectif & du fubftantif. Tout l'auditoire était ftupéfait : quelques-uns murmuraient déjà le vers d'Horace : « Où viennent aboutir autant d'abfurdités ? » Enfin notre prédicateur arrive à démontrer que les éléments de la grammaire offraient le fimulacre de la Trinité toute entière; jamais géomètre n'eût fait fur le fable démonftration plus évidente. Auffi bien pour compofer ce fermon notre fameux théologien avait fué fang & eau huit grands mois; il en eft aujourd'hui devenu plus aveugle qu'une taupe, ayant détourné vers la pointe de fon efprit toute la force de fa vue; cependant il n'a pas regret à fa cécité; car il trouve qu'il a vraiment acquis fa gloire à trop bas prix.

J'ai entendu encore un octogénaire, théologien de la même farine, & fi théologien qu'on eût dit Scot Erigène reffufcité. Pour expliquer le myftère du nom de Jéfus, il démontre avec une prodigieufe fubtilité que tout ce qu'on pouvait dire du Sauveur ſe trouvait dans les lettres de ſon nom. Ce nom ne préſente que trois cas, & voilà pourquoi il ſignifie le divin ternaire. Le premier de ces trois cas, *Jéſus*, ne finit-il pas par une S, le deuxième *Jeſum* par une M, le troiſième *Jeſu* par un U, c'eſt là que réſide l'inexprimable myſtère. Ces lettres indiquent en effet que le Chriſt eſt à la fois au faîte, au milieu, au plus infime degré. Reſtait une ſubtilité encore plus épineuſe : en vertu de ſes calculs mathématiques, le moine diviſa le nom de Jéſus en deux parties égales, de façon à ce que la cinquième lettre S demeurât iſolée au milieu du mot. Enſuite il nous apprit que cette lettre en hébreu s'appelait ſyn; or ſyn en langue de Scotiſte veut ſans doute dire péché; il en concluait que Jéſus enlevait les péchés du monde.

A cet exorde ſi nouveau, les auditeurs reſtèrent béants d'admiration, ſurtout les théologiens; peu s'en fallut qu'il leur arrivât la méſaventure de Niobé, & à moi l'accident de Priape qui, à ſon grand dommage, affiſta aux noĉturnes horreurs de Sagane & de Canidie. Aurais-je eu ſi grand tort? Jamais le grec Démoſthène ou le latin Cicéron ſe ſont-ils ſervis d'un pareil détour? Chez eux l'exorde était réputé vicieux, toutes les fois qu'il s'éloignait du ſujet, comme ſi les bouviers eux-mêmes qui n'ont que la nature pour maîtreſſe n'allaient aux exordes

les plus directs. Mais nos doctes moines ne regarderaient par leur préambule comme vraiment à la hauteur de la rhétorique, s'il avait quelque affinité avec le reste du sujet, & si l'auditeur tout en admirant ne devait se dire à part foi : « Mais où va-t-il donc par ces détours ! »

En troisième lieu, ils vont chercher quelque passage de l'Evangile, en guise de narration, mais curſivement & comme à la dérobée, tandis qu'ils devraient y inſiſter. Quatrièmement, comme s'ils jouaient un nouveau perſonnage, ils remuent une queſtion théologique, qui n'a rien à voir avec la terre & le ciel. Ils croient encore par là se retrouver dans le domaine de leur art. C'eſt là qu'ils redreſſent leurs ſourcils théologiques & qu'ils font entrer dans les oreilles des noms magnifiques, docteurs ſolennels, docteurs ſubtils, docteurs très-ſubtils, docteurs ſéraphiques, docteurs ſanctiſſimes, docteurs chérubins, docteurs irréfragables. C'eſt alors que devant la foule ignorante ils font tomber comme la pluie froide de la ſcolaſtique leurs ſyllogiſmes, majeures, mineures, concluſions, corollaires, ſuppoſitions.

Reſte le cinquième acte où l'acteur doit ſe ſurpaſſer. Alors ils produiſent un conte inepte & ſot, tiré du *Miroir hiſtorial* ou des *Geſtes des Romains*, & l'interprètent *allégoriquement, tropologiquement, anagogiquement !* De cette

manière ils terminent leur Chimère pire que
celle dont Horace a eu l'idée en écrivant :
« *Humano capiti.* » C'eſt que nos prédicateurs
ont appris de je ne ſais qui, que dans un
diſcours l'entrée en matière doit être calme
& exempte de cris ; auſſi dans leur exorde par-
lent-ils ſi bas qu'ils n'entendent même pas leur
propre voix, comme s'ils ne voulaient point être
compris. Ils ont encore entendu dire que pour
remuer les ſentiments, il fallait uſer d'exclamations ; en conſéquence, au moment où ils par-

laient pofément, tout à coup ils élèvent la voix, comme des furieux, même fans raifon. Vous jugeriez qu'ils ont befoin d'ellébore, comme fi l'on devait crier pour crier. En outre, ayant encore entendu dire que l'orateur devait s'échauffer dans le progrès du difcours, après chaque partie ils récitent affez tranquillement les premières phrafes, puis donnent de la voix à plein gofier, même dans les paffages les plus froids, & finiffent de telle forte qu'on les croirait à moitié morts. Enfin ils ont appris, toujours dans les rhéteurs, qu'il faut faire une part au rire, & ils fe mêlent auffi de répandre des traits plaifants, & quels traits, ô chère Aphrodite! Comme ils font à leur place. On dirait l'âne près de la lyre. Nos prêcheurs mordent bien quelquefois, mais plutôt pour chatouiller que pour bleffer. Jamais ils ne font plus impudemment flatteurs que s'ils veulent faire le plus montre de franchife. Enfin toute leur action les fait reffembler à des bateleurs qui font encore leurs maîtres. Cependant les uns & les autres fe reffemblent à tel point qu'ils ont l'air de s'être mutuellement enfeigné la rhétorique.

Et, avec tout cela, ils trouvent des auditeurs qui en les entendant croient ouïr des Démof- thène & des Cicéron. De cette efpèce font les marchands & les femmes; ce font deux genres de clients que nos moines recherchent, les uns

parce qu'ils leur tranſmettent une portion du
bien mal acquis contre échange de flatteries,
les autres comme étant favorables à leur ordre,
parce qu'elles y cherchent d'habitude les confi-
dents des récriminations féminines contre les
maris. Vous voyez bien tout ce que me doit
cette race d'hommes qui avec de vaines cérémonies, des pratiques dériſoires, des hurlements,
exercent ſur les mortels une ſorte d'empire
tyrannique en prétendant marcher ſur les traces
de Paul & d'Antoine. Mais il eſt temps de laiſſer

avec grand plaifir ces manières d'hiftrions,
ingrats qui diffimulent mes bienfaits, méchants
qui fimulent la piété.

Il y a longtemps déjà que je fuis tentée d'en
venir aux rois & aux princes; ils font franchement mes adeptes & me cultivent avec l'aifance
qui fied à leur rang. S'ils avaient feulement
une demi-once de fageffe, qu'y aurait-il de plus
trifte, de plus repouffant que leur vie ? perfonne
ne voudrait fe procurer une couronne au prix du
parjure & de l'affaffinat, fi l'on favait quel poids
un véritable fouverain fupporte fur fes épaules.
Celui qui tient le gouvernail d'un État doit
affumer les affaires publiques & non les fiennes,
ne fonger qu'à l'intérêt général; il ne peut,
même de la longueur d'un doigt, s'écarter de
ces lois dont il eft l'auteur & l'exécuteur; il lui
faut préferver l'intégrité de tous les officiers
& de tous les magiftrats; il eft lui-même expofé
en fpectacle devant tous les yeux, tel qu'un
aftre falutaire. Par l'influence de fes bonnes
mœurs il eft en mefure de porter remède aux
chofes humaines, ou de leur caufer de grands
maux ainfi qu'une comète meurtrière; il doit
enfin favoir que les vices des autres n'ont pas
une action auffi fenfible, une contagion auffi
profonde. Le Prince eft dans un pofte élevé où,
pour peu qu'il s'éloigne du droit chemin, le
fléau pénétrera profondément dans la plupart des

cœurs. N'oublions pas pourtant que la Fortune
a l'habitude de détourner de ce chemin nos monarques, & qu'ils font fourvoyés par l'orgueil,
les délices, l'impunité, l'adulation, le luxe;
auffi faut-il veiller avec follicitude afin de ne
pas fe laiffer tromper. Difons auffi, même en
omettant les embûches, les haines, tous les
périls & toutes les alarmes qui menacent les rois,
qu'ils font encore deftinés à comparaître devant
le Souverain par excellence, auquel ils rendront
compte de leurs moindres péchés, & cela avec
d'autant plus de rigueur qu'ils auront difpofé
d'un pouvoir plus confidérable. Si un roi pefait
toutes ces confidérations, comme il le devrait
faire s'il était fage, il ne pourrait prendre avec
quelque douceur ni fommeil ni nourriture.
Mais je fuis là, & par mon office les princes
laiffent tous ces foucis aux dieux, & ne fon-
gent qu'à fe donner du bon temps; ils n'admettent auprès d'eux que des gens aux paroles de
miel, fans laiffer le moindre accès à la moindre
inquiétude. Ils croient remplir fuffifamment le
rôle d'un vrai chef d'État, s'ils chaffent affidûment, s'ils nourriffent de beaux chevaux, s'ils
vendent à leur profit les charges & les emplois;
fi chaque jour ils inventent de nouveaux expé-
dients pour épuifer les reffources de leurs fujets
& les faire paffer dans leur fifc. Ils trouvent à
tout cela de fpécieux prétextes, même à la

mesure la plus inique, de façon à la colorer encore de quelque dehors d'équité. Ils ajoutent quelques flatteries à l'adresse du peuple pour se l'attacher.

Figurez-vous maintenant sur le trône, comme il arrive quelquefois, un homme ignorant des lois, presque ennemi de l'intérêt public, attentif à l'utilité privée, esclave de ses plaisirs, haïssant l'érudition, haïssant la liberté & la vérité, ne pensant rien moins qu'au salut de la république, mais mesurant tout à ses passions & à ses propres intérêts. Ajoutez ensuite un collier d'or, symbole de toutes les vertus en harmonie, une couronne rehaussée de pierres précieuses, qui lui puisse rappeler comme il doit surpasser les autres en vertus héroïques ; enfin un sceptre, le signe de la justice & de l'intégrité du cœur, en dernier lieu la pourpre, cet indice d'un amour ardent pour l'État. Si un tel prince comparait ces ornements avec son existence privée, je crois qu'il aurait honte de sa parure & craindrait de voir un railleur au nez fin tourner en dérision & en jeu tout cet appareil tragique.

Que dirai-je des grands, des courtisans ? La plupart sont inféodés, les plus serviles, les plus insipides, les plus abjects des êtres, & cependant ils se croient les premiers des mortels. Ils ne sont modestes que sur un point : c'est que, se contentant de porter sur leur corps l'or, les

pierres précieuſes, la pourpre & les autres
inſignes de vertus & de la ſageſſe, ils laiſſent aux
autres le ſoin d'être en réalité ſages & vertueux.
Cela ſuffit amplement à leur félicité de pouvoir
appeler le roi leur maître, d'avoir appris à le
ſaluer en trois mots, à lui décerner les titres les
plus courtois, tels que Votre Sérénité, Votre
Domination, Votre Magnificence, de leur chatouiller agréablement le viſage par des flatteries
délicates. Voilà toute l'induſtrie des courtiſans.
Si, du reſte, vous dirigez vos regards ſur leur

genre de vie, ce ne font que de purs Phéaciens,
des prétendants de Pénélope; vous reconnaiffez
la fin du vers qu'Echo faura mieux achever que
moi. Le courtifan dormira jufqu'au milieu du
jour; il a même un chapelain mercenaire qui
lui expédie une meffe mercenaire fans qu'il foit
encore bien éveillé. De là ils vont au déjeuner;
à peine ce repas terminé, le dîner fuit de près.
Au fortir de table fe fuccèdent les dés, les aigre-
fins, les difeurs de bonne aventure, les bouffons,
les fous, les courtifanes, les folâtreries & tous

les autres passe-temps. Dans l'intervalle une ou deux collations pour le moins. Puis le souper, puis les libations & des libations réitérées, par Jupiter. De cette façon, sans aucun dégoût de la vie, les heures s'envolent, & avec les heures les jours, les mois, les années, les siècles. Pour moi, il me semble que je suis rassasiée, si je les vois avec leur air d'ostentation, si devant moi cette nymphe s'estime la sœur des déesses, parce qu'elle traîne une plus longue queue; si ce seigneur écarte les autres à coups de coude, pour être plus rapproché de Jupiter; si ce courtisan se rengorge de ce qu'il porte une chaîne plus pesante à son cou pour faire étalage non-seulement de sa richesse, mais aussi de sa force.

Venons à l'ordre des Papes, des Cardinaux & des Evêques : il y a longtemps que ceux-ci se mêlent d'imiter bravement la vie des princes & des grands, s'ils ne les ont pas surpassés. Je voudrais qu'un de ces Evêques étudiât ce que signifie son rochet de lin, éclatant d'une blancheur neigeuse, symbole d'une vie sans tache; ce que veut dire cette mitre à deux cornes rattachées d'un seul nœud, emblème de la connaissance accomplie des deux Testaments; ces mains gantées qui représentent un cœur épuré de toute contagion mondaine dans l'administration des sacrements; cette crosse où s'attache l'idée de la vigilance sur le troupeau confié; cette croix

qui vient attefter la pleine victoire fur toutes
les paffions humaines. Ah ! fi notre Evêque
mettait ces penfées devant fes yeux & beaucoup
d'autres du même ordre, il mènerait certes une
exiftence anxieufe & foucieufe ! Mais nos prélats
ne vivent que pour leur agrément. Du refte, ils
confient le fouci de leurs brebis au Chrift lui-
même ou s'en déchargent fur leurs grands
vicaires. Or ils ne fe fouviennent même pas
de leur nom qui implique le travail, le foin, la
follicitude paternelle. Mais, pour attirer de

l'argent, ils s'en souviennent fort bien. « Et
ce n'eſt pas une vaine ſpéculation. »

Dans le même genre, les Cardinaux ſe vantent
bien d'être les ſucceſſeurs des apôtres : s'ils
penſaient qu'on doit avoir pour eux les mêmes
exigences, qu'ils ne ſont pas des maîtres, mais
des adminiſtrateurs quant aux biens ſpirituels,
& qu'ils doivent rendre à échéance rapprochée
le compte de cette adminiſtration ! Suppoſons
qu'ils s'interrogent auſſi à propos de leur équi-
page. Que ſignifie, devront-ils ſe dire, cette

blancheur du rochet ? fi ce n'eſt l'entière & ſuprême innocence. Et cette ſoutane de pourpre ?
ſinon l'ardent amour de Dieu. Pourquoi cette
cape, à l'extérieur ſi large, aux plis ſinueux,
enveloppant même la mule du révérendiſſime,
& qui ſuffirait encore à couvrir un chameau ?
n'eſt-ce pas l'emblème d'une charité étendue,
prête à ſecourir tous les êtres, c'eſt-à-dire à
inſtruire, à exhorter, à conſoler, à reprendre,
à conſeiller, à calmer la furie de la guerre, à
réſiſter aux mauvais princes & à répandre

volontiers fon fang, auffi bien que fes richeffes,
pour le troupeau de l'Églife. Alors pourquoi
tous ces revenus dans les mains de nos fuccef-
feurs des apôtres ? Ah! fi les Cardinaux faifaient
de telles réflexions, ils ne brigueraient pas cette
dignité ou bien ils s'emprefferaient de s'en
démettre, ou bien encore ils mèneraient une
vie de labeur & d'anxiété, telle que l'exiftence
des prémiers apôtres.

Arrivons aux Papes qui tiennent la place du
Chrift : s'ils s'appliquaient à rivalifer la vie de
leur maître, en imitant fa pauvreté, fes travaux,
fa doctrine, fa croix, fon mépris de l'exiftence ;
s'ils penfaient feulement à ce nom de Pape,
c'eft-à-dire de Père, le plus facré de tous,
quels gens feraient plus affligés fur terre ? qui
voudrait acheter ce rang fuprême au prix de
tous fes biens ? ou le conferver avec le glaive,
le poifon & tous les procédés de la violénce ?
qu'ils perdraient de leurs avantages, fi la fageffe
s'emparait une fois de leur efprit, que dis-je la
fageffe ! s'ils avaient feulement un grain de ce
fel dont parle le Sauveur. Ils abandonneraient
tant de richeffes, tant d'honneurs, tant de
puiffance, tant de victoires, tant d'offices, tant
de difpenfes & d'indulgences, tant de chevaux,
de mules, de gardes, de délices de toute forte.
Vous voyez quelle moiffon de biens, quels flots
d'honneurs ils facrifieraient, & à la place il

leur faudrait fubftituer les veilles, les jeûnes, les larmes, les oraifons, les prédications, les études, les foupirs & mille autres exercices de même nature. Ne négligeons pas tant d'écrivains, de copiftes, de notaires, d'avocats, de promoteurs, de fecrétaires, de muletiers, d'écuyers, d'officiers de table, d'entremetteurs (j'adoucis la chofe par refpeĉt pour les oreilles tendres), enfin une telle foule de parafites qui maintenant furcharge la cour de Rome & qui ferait réduite à mourir de faim. Ce ferait un aĉte barbare, abominable, encore plus déteftable de rappeler à la beface & au bâton apoftoliques ces princes fouverains de l'Églife, vrais flambeaux du monde. En effet, c'était à Pierre, à Paul, de vivre de labeur ; pour leur part, nos Papes revendiquent l'éclat & la volupté.

Auffi nulle efpèce de gens ne vit davantage dans la molleffe & dans l'infouciance que ces Pontifes qui croient avoir affez fait pour le Chrift, s'ils jouent leur rôle épifcopal avec des ornements myftiques & prefque fcéniques, au milieu des cérémonies, parmi les titres de béatiffime, de fanĉtiffime, de révérendiffime, au milieu des bénédiĉtions & des malédiĉtions. Faire des miracles, ce ferait chofe obfolète, furannée, manquant d'aĉtualité ; enfeigner le peuple, quelle fatigue ! expliquer l'Écriture fainte, cela fent l'école ; prier, il faudrait avoir du loifir ; pleurer, c'eft un acte piteux & de femmelette ; être pauvre, quelle horreur ! fe laiffer vaincre, quelle honte & quelle indignité pour un homme qui daigne à peine admettre à lui baifer les pieds l'élite des monarques ! Enfin mourir, c'eft de toutes chofes la moins aimable. Je ne parle pas du martyre fur la croix, ce ferait s'encanailler !

Il refte donc aux papes, en guife d'armes, ces douces bénédictions dont parle faint Paul & dont ils ne font pas ménagers, les interdictions, les fufpenfions, les aggravations, les anathèmes, les peintures vengereffes & ce foudre terrible par lequel, d'un feul gefte, ils envoient les âmes des mortels au-delà du Tartare. Cependant nos très-faints pères en Chrift, nos vicaires en Chrift, n'emploient jamais avec plus d'âpreté ces inftruments de ruine que contre ceux qui, à l'inftigation du diable, s'efforcent de diminuer & de rogner le patrimoine de faint Pierre. Ce dernier difait à fon Maître : « Nous avons tout abandonné pour te fuivre. » Et voilà que le patrimoine de faint Pierre fe compofe de champs, de villes, d'impôts, de douanes, de domaines. C'eft pour défendre tous ces tréfors qu'embrafés du zèle de Jéfus-Chrift nos papes combattent avec le fer & le feu, non fans effufion du fang chrétien ; alors feulement ils croient foutenir apoftoliquement la caufe de l'Églife en

combattant jufqu'au bout fes ennemis. Comme
fi l'Églife avait de pires ennemis que ces pontifes impies, qui laiffent s'abolir dans le filence
la doctrine du Chrift, qui la tiennent enchaînée
par des lois vénales, l'altèrent par des interpré-
tations forcées, & enfin l'anéantiffent par la
peftilence de leurs exemples !

D'ailleurs, comme l'Églife chrétienne eft née
dans le fang, a été confirmée par le fang,
accrue par le fang, les papes la gouvernent auffi
par le fang, comme s'il n'y avait plus de Chrift

pour la protéger; ils en appellent à la guerre. La guerre eſt de ſa nature une choſe tellement monſtrueuſe qu'elle convient mieux aux fauves qu'aux hommes, tellement furieuſe que les poëtes en attribuent l'origine aux Furies, tellement contagieuſe qu'elle infecte les mœurs partout ſur ſon paſſage, tellement injuſte que les plus grands ſcélérats y ſont les plus capables, tellement ſacrilége qu'elle n'a aucun rapport avec le Chriſt! & pourtant voilà ce qui, au détriment de tout autre ſoin, eſt la grande occupation de certains Papes.

Dans le nombre vous voyez des vieillards qui déploient l'énergie des jeunes gens & ne ſe laiſſent pas arrêter par les dépenſes, ni fatiguer par les labeurs, & qui ne ſe font pas le moindre ſcrupule de bouleverſer les lois, la religion, la paix & toutes les choſes humaines. Il ne leur manque pas de doctes adulateurs prêts à qualifier cette fureur manifeſte de zèle, de piété, de vaillance; ils trouvent des arguments pour juſtifier celui qui tire le glaive meurtrier & l'enfonce dans la poitrine de ſon frère, ſans enfreindre, diſent-ils, la charité, qui eſt le grand commandement du Chriſt. Au reſte, je me demande de qui vient l'exemple, des papes ou de certains évêques allemands, qui, ſans ſouci du culte, des bénédictions, des cérémonies, ouvertement font les ſatrapes, à tel point qu'ils eſtiment digne d'un

lâche & indigne d'un évêque de rendre à Dieu,
ailleurs que fur un champ de bataille, leur âme
belliqueufe. Le commun des prêtres, dans leur
grande crainte de ne pas fuivre l'exemple de
leurs prélats, combattent avec une affurance
toute militaire pour la revendication de leurs
dîmes; épées, javelots, pierres, toute efpèce
d'armes, rien ne leur fait défaut. Comme ils
ont les yeux grand ouverts quand ils peuvent
extraire certains paffages des anciens, dont ils
alarment le populaire, pour lui perfuader qu'il

leur doit la dîme & plus encore ! Mais il ne leur
vient pas à l'efprit de lire tout ce qui eft écrit
au fujet de leurs devoirs envers ce même peuple.
Leur tonfure ne les avertit pas qu'un prêtre doit
être libre de tous les défirs du monde, & ne
fonger qu'aux chofes céleftes. Bien au contraire,
ces voluptueux fe croient quittes de leurs devoirs
s'ils ont marmonné leur bréviaire. Et de quelle
façon ? aucun dieu ne faurait les entendre ni les
comprendre : eux-mêmes ne s'entendent pas &
ne fe comprennent point, mâchonnant tout
entre les dents. Au moins ont-ils cela de commun avec les laïques que, pour leur récolte
d'argent, ils font pleins de vigilance & qu'ils ne
laiffent ignorer à perfonne les obligations à leur
endroit. Eft-il une fonction pénible ? ils fe la
renvoient l'un à l'autre, comme au jeu de la
raquette. Beaucoup d'entre eux reffemblent à
ces princes laïques, lefquels délèguent à des
procurateurs une partie de leur royaume à
adminiftrer : ceux-ci repaffent la délégation à
des inférieurs. Tels ces prêtres fe déchargent fur
leurs ouailles du poids de la dévotion & de la
piété. Leurs ouailles le leur renvoient à ces
gens que l'on appelle eccléfiaftiques, comme fi
les fidèles n'avaient rien de commun avec
l'Églife, comme fi les vœux du baptême
n'étaient qu'une vaine cérémonie. Bien des
prêtres fe font appeler féculiers, comme s'ils

étaient initiés au monde et non au Chrift ;
alors ils rejettent leur charge pieufe fur les
réguliers, ceux-ci fur les moines, les moines
relâchés fur les moines ftriêts, & tous fur les
mendiants, et les mendiants fur les chartreux,
chez qui la piété eft bien enfevelie, fi cachée
qu'à peine peut-on l'y découvrir. De même les
papes, très-diligents pour la moiffon pécuniaire,
renvoient les travaux apoftoliques aux évêques,
ceux-ci aux curés, ceux-là aux vicaires, les
vicaires aux frères mendiants, & ceux-ci enfin
aux gens qui favent bien tondre la laine des
brebis.

Cependant il n'eft pas dans mon fujet d'examiner à fond la vie des Papes & des prêtres : je ne
voudrais point avoir l'air de tramer une fatire
au lieu de développer mon propre éloge ; n'allez
pas croire qu'en louant les mauvais princes je
cenfure les bons. J'ai touché chaque état à la
furface pour démontrer qu'aucun homme ne
peut vivre heureux s'il n'eft initié à mes rites,
s'il n'eft favorifé par moi. En effet, la déeffe de
Rhamnunte, la difpenfatrice du bonheur & du
malheur, eft tellement d'accord avec moi qu'elle
a toujours été l'ennemie des Sages, prodiguant
fes biens aux Fous pendant leur fommeil. Vous
connaiffez un certain Timothée qui avait comme
devife : « Tout vient à mon filet de dormeur »,
& cette autre encore : « Le hibou de Minerve

vole pour moi ». On dit, au contraire, des Sages :
« Ils font nés au quatrième jour de la lune » ;
ou bien : « Ils font montés fur le cheval de
Séjan, ils ont de l'or de Touloufe ». Mais je
m'arrête pour ne point paraître atteinte de la
manie des proverbes ; on dirait que j'ai pillé les
commentaires de mon Erafme.

Allons au fait, la Fortune aime les gens irré-
fléchis ; elle feconde les téméraires, ceux qui
difent : « Les dés font jetés. » La Sageffe ne fait
que des timides ; auffi voyez-vous généralement

les Sages enfoncés dans la pauvreté, dans la
faim, dans la fumée; les Fous, au contraire,
regorger de richeſſes, être appelés au gouvernail
de l'État, enfin devenir floriſſants de toute
manière. En effet, ſi l'on fait conſiſter le bonheur à plaire aux princes & à obtenir ſa place
parmi les idoles de pierreries & d'or, quoi de
plus inutile que la ſageſſe, quoi même de plus
dépriſé dans les cours? Voulez-vous acquérir
des richeſſes? Quel ſera le gain d'un trafiquant
ſi, par fidélité à la ſageſſe, il s'offenſe d'un par-

jure; s'il rougit, pris en flagrant délit de menfonge; s'il approuve quelque peu les fcrupules
anxieux des Sages, fes confrères, fur la fraude
& fur l'ufure? Convoitez-vous les dignités, les
biens eccléfiaftiques? Un âne ou un brutal y
arrivera plus tôt qu'un philofophe. Seriez-vous
ravi par les voluptés amoureufes? Les femmes
qui en font l'objet font de tout leur cœur avec
les Fous; elles haïffent & fuient le Sage comme
des fcorpions. Enfin, quiconque veut jouir de
la vie doit d'abord exclure les Sages & fréquen-

ter plutôt le premier animal venu. En un mot, de quelque côté que vous vous tourniez, princes, juges, magiftrats, amis, ennemis, grands, petits, tous n'en veulent qu'à l'argent comptant; le Sage méprife l'argent : on a donc grand foin de le fuir.

Cependant, quoique mon éloge foit inépuifable, il fied qu'un difcours ait une fin : auffi m'arrêterai-je bientôt; mais je veux d'abord vous faire connaître de grands auteurs qui m'ont illuftrée par leurs écrits & leurs actions; les Sages ne diront point que je ne plais qu'à moi feule, & les légiftes ne prétendront pas que je ne puis trouver de citations en ma faveur. Citons donc comme eux, c'eft-à-dire à tort & à travers.

D'abord ce proverbe eft univerfellement reçu : « Quand la chofe eft abfente, le fimulacre eft excellent. » C'eft avec raifon qu'on enfeigne aux enfants cette maxime : « C'eft une grande fageffe que de favoir fimuler la folie. » Vous jugerez par là que la Folie eft un grand bien, puifque fon ombre trompeufe, fes dehors reproduits obtiennent tant de louanges des favants. Horace, qui lui-même s'affimile au gras & luifant troupeau d'Épicure, prefcrit de mêler à la fageffe une folie, il eft vrai paffagère, a-t-il finement ajouté. De même il a dit ailleurs : « Une courte folie eft charmante. » Ailleurs encore,

il aime mieux paraître infenfé & ignorant que
d'être fage & enragé. Homère loue de cent
façons Télémaque, & pourtant il ne laiffe pas de
l'appeler quelquefois « fot enfant, » & quelquefois, comme de bon augure, cette épithète eft
affectée par les tragiques aux jeunes gens, aux
adolefcents. Quel eft le thème de la fainte Iliade ?
finon les fureurs des rois & des peuples. Cicéron
n'a jamais mieux parlé qu'en difant : « Tout eft
plein de folie. » Or, perfonne n'ignore que plus
un bien eft étendu, plus il a d'excellence.

Mais l'autorité de tels écrivains peut être
médiocre chez des chrétiens. Je fonderai donc
mon éloge fur le témoignage des faintes Écritures, je l'établirai très-logiquement. Chofe
malaifée, direz-vous, & tâche pénible pour
laquelle il faudrait rappeler les mufes de l'Hélicon ; mais ce ferait un grand voyage pour
une chofe fi étrangère aux neuf Sœurs. Peut-
être me conviendrait-il davantage, puifque je
fais la théologienne & que je m'aventure dans
les épines, d'évoquer l'efprit de Scot & de le

faire émigrer de la Sorbonne dans mon âme : car cet esprit est plus pointu que le porc-épic & le hérisson. Puisse-t-il ensuite s'en aller où il voudra, même « chez les corbeaux ». Plût au ciel que je pusse aussi changer de visage & revêtir un habit à la théologique. Je crains pourtant que l'on ne m'accuse de larcin, comme si j'avais pillé furtivement le trésor de nos maîtres en scolastique, quand on me verra si savante en théologie. Mais il n'est pas si étonnant, en raison de mes relations si longues & si étroites avec les théologiens, que j'aie pris quelque chose de leur science. Pourquoi pas? Priape, ce dieu des jardins, a bien appris & retenu quelques mots grecs en écoutant son maître qui lisait. Et ce coq de Lucien? n'a-t-il pas, dans la longue société des hommes, réussi à attraper la voix humaine? Mais venons au sujet sous de favorables auspices.

L'Ecclésiaste a écrit en son premier chapitre : « Le nombre des Fous est infini. » Or ce nombre infini embrasse tous les mortels, sauf quelques-uns : je ne sais même pas si on les a jamais connus. Jérémie avoue la chose plus ingénuement au chapitre dixième : « L'homme, dit-il, est devenu fou par excès de sagesse. » A Dieu seul il attribue la sagesse & laisse à tous les hommes la folie en partage. Et il dit un peu plus loin : « Que l'homme ne se glorifie point

en fa fageffe. » Pourquoi ne veux-tu pas, mon brave Jérémie, que l'homme tire gloire de cette fameufe fageffe? C'eft, me répondra-t-il, que l'homme n'a point de fageffe. Mais revenons à l'Eccléfiafte : « Vanité des vanités & tout eft vanité! » Quel eft le fens de cette exclamation, finon, comme nous l'avons dit, que la vie humaine n'eft qu'un jeu de la Folie? Cicéron n'ajoute-t-il pas « un caillou blanc » à mes louanges, quand il fait entendre cette grande parole par moi déjà rapportée : « Tout eft plein

de folie. » Et cet habile Eccléfiafte ne dit-il
pas encore : « Le Fou change comme la lune,
le Sage eft-conftant comme le foleil. » Qu'en-
tend-il, finon que toute la race humaine eft
folle & qu'à Dieu feul appartient le titre de
fage. En effet, les interprètes traduifent la lune
par la nature humaine, & le foleil, fource de
toute lumière, par Dieu. Le Chrift vient les
corroborer, quand il réferve dans fon Evangile
pour Dieu feul le titre de bon. Si donc fage
& bon font deux termes identiques, au dire des
Stoïciens, & fi la folie exclut la fageffe, comme
de jufte, il en réfulte que tout ce qui eft mortel
& en dehors de Dieu doit être englobé dans la
folie.

Écoutons encore Salomon en fon chapitre
dixième : « La Folie, dit-il, eft joie pour le
fou. » Il avoue par là que, fans la Folie, il n'y
a rien d'agréable en ce monde. Il dit ailleurs
dans le même fens : « Celui qui augmente fa
fageffe augmente fes douleurs, &, plus on fent,
plus on fouffre. » N'eft-ce pas encore la même
penfée au chapitre feptième ? « La trifteffe
habite le cœur des Sages & la joie le cœur des
Fous. » Non content d'apprendre à fond la
fageffe, il a voulu auffi me bien connaître. Si
vous en doutez, voici les paroles qu'il a infcrites
en fon premier chapitre : « J'ai appliqué mon
efprit à connaître la prudence & la doctrine,

les erreurs & la Folie. » Remarquez qu'il fait
mon éloge en me nommant la dernière. Voilà
ce qu'écrit l'Eccléfiafte. Or, dans l'ordre ecclé-
fiaftique, le premier en dignité eft le dernier
par le rang, conformément à l'Évangile. Mais
que la Folie foit de plus haut prix que la fageffe,
l'Eccléfiafte le fait bien comprendre en fon
chapitre quatrième. Cependant je ne rifquerai
pas cette citation avant de vous prier de répondre
favorablement à mes queftions, comme chez
Platon ceux qui difputent avec Socrate.

Vaut-il mieux mettre de côté ce qui eſt rare
& précieux ou bien ce qui eſt vulgaire & vil ?
Vous vous taiſez. Ce proverbe grec me répond
à votre place : « On laiſſe la cruche à la porte. »
De peur que vous ne rejetiez cette ſentence avec
une promptitude ſacrilége, je vous avertis qu'elle
eſt d'Ariſtote, le dieu de nos maîtres. Voyons
encore. Quelqu'un d'entre vous ſerait-il aſſez
inconſidéré pour laiſſer ſur le grand chemin or
& bijoux ? Je n'en crois rien. Vous dépoſez ces
objets précieux dans les endroits les plus retirés,
au coin le plus ſecret du coffre-fort, &, ce qui
ne vaut rien, vous l'expoſez à tous les allants
& venants. Si donc la prudence met en réſerve
les choſes de prix, ſi l'on abandonne au haſard
ce qui n'a pas de valeur, n'eſt-il pas évident
que la ſageſſe qui défend de diſſimuler vaut
moins que la Folie qui ordonne de cacher ?
Écoutez ſes propres paroles : « L'homme qui
recèle ſa folie vaut mieux que l'homme qui
cache ſa ſageſſe. » Bien mieux, la candeur
d'âme eſt attribuée au Fou par les ſaintes
Écritures, cependant que le Sage ſe croit ſupé-
rieur à tous les autres. C'eſt ainſi que j'entends
ce paſſage de l'Eccléſiaſte, au chapitre dixième :
« Quand le Fou ſe promène, il s'imagine que
tous ſont Fous comme lui. » N'eſt-ce pas
l'indice d'une rare candeur de s'aſſimiler à
tous les hommes, tandis que chacun ſe met

à part d'après fon opinion de lui-même, & d'être difpofé à communiquer aux autres fes propres mérites ?

Salomon lui-même n'a pas rougi de la Folie : en fon troifième chapitre ne fe proclame-t-il pas le plus fou des hommes ? Et ce faint Paul, ce grand docteur des Gentils, dans fes épîtres aux Corinthiens, affume volontiers le furnom de fou : « Fou, dit-il, je le fuis plus qu'eux, comme fi c'était une honte d'être furpaffé en folie. » Mais voici tous ces petits Grecs qui bourdonnent contre moi, cherchant à crever les yeux même aux corneilles de la théologie, répandant leurs brouillards, leurs fumées ! Si je n'ai pas pour moi l'alpha, le bêta de cette bande, je revendique Erafme que fouvent je rappelle pour m'en faire honneur. « Citation vraiment fotte », répètent-ils, & bien digne de la fameufe Moria. La penfée de l'apôtre n'eft pas telle que tu le rêves. Il ne fe propofe pas, dans ces paroles, de paffer pour plus fou que les autres, mais après avoir dit : « Ils font miniftres du Chrift & moi également »; après s'être égalé fur ce point aux autres, il ajoute en manière de correction : « & je le fuis davantage », car il comprenait que non-feulement il était l'égal des autres apôtres dans le miniftère de l'Evangile, mais en quelque forte leur fupérieur. Auffi comme il voulait dire la vérité, fans choquer les oreilles par aucune déclaration arrogante, il s'eft prémuni du prétexte de la Folie : il fe difait fou, parce que les fous ont feuls le privilége de parler fans offenfer.

Quel que foit le fens que faint Paul ait vifé dans ce paffage, je l'abandonne aux ergoteurs pour m'attacher à ces grands, gros & gras théologiens avec qui la plupart des docteurs préféreraient errer plutôt que d'être dans le vrai avec ces gens à triple idiome. Ces Grécules on n'en fait pas plus de cas que des geais. Je pourrais invoquer un glorieux théologien dont je fupprime prudemment le nom pour que nos petits geais ne le pourfuivent pas de leurs invectives grecques en rappelant « l'âne près de la lyre ». C'eft en maître de théologie que notre homme explique ce paffage : « Je le dis avec moins de fageffe, je le fuis plus qu'eux. » Il en fait un nouveau chapitre &, ce qui demande une dialectique confommée, il ajoute une nouvelle fection ; je citerai fes paroles en forme comme en matière : « Je vous le dis moins fagement, c'eft-à-dire, fi je vous parais fou, en m'égalant aux faux apôtres, je vous paraîtrai encore moins fage en me préférant à eux. » Puis le docteur, comme par oubli, fe jette fur une autre matière. Mais pourquoi me tourmenter fur l'interprétation d'un feul théologien ? quand tous les théologiens ont comme un droit

public d'étendre le Ciel, c'eſt-à-dire l'Écriture,
comme une peau; quand, chez ſaint Paul, certaines paroles ſemblent contraires aux ſaintes
Écritures qui, à leur place, ne s'en écartent plus.
S'il faut en croire ſaint Jérôme, l'homme aux
cinq langues, Paul avait vu à Athènes un
autel avec une inſcription qu'il tortura à
l'avantage de la foi chrétienne, &, tronquant
dans cette inſcription tout ce qui pouvait nuire
à ſa cauſe, il en détacha ſeulement les derniers
mots, c'eſt-à-dire « Au Dieu inconnu ». Encore

les changea-t-il quelque peu, car voici l'infcription dans fon intégrité : « Aux dieux de
l'Afie, de l'Europe & de l'Afrique, aux dieux
inconnus & étrangers. » C'eft à cet exemple, je
penfe, que nos « fils de théologiens », arrachant
quatre ou cinq mots par ci par là, altérant le
fens des phrafes, les accommodent à leurs
befoins, quand même ce qui précède & ce qui
fuit n'a aucun rapport avec ce qu'ils veulent
faire entendre ou même fe trouve en abfolue
contradiction. Et ils font néanmoins cette falfi-
fication avec une telle impudence que fouvent
les jurifconfultes leur portent envie.

Pourquoi cela ne leur réuffirait-il pas quand
ce grand théologien (j'avais failli lâcher fon
nom, mais je crains encore « l'âne à la lyre »),
a interprété dans l'Evangile felon faint Luc
un paffage où il s'accorde avec l'efprit du
Chrift comme l'eau avec le feu. En effet, fous
la menace des périls fuprêmes, dans un de ces
moments où d'habitude les clients fe mettent
à la difpofition de leurs patrons & les affiftent
comme des combattants de toutes leurs forces,
le Chrift, ayant en vue d'élever fes apôtres
au-deffus de la confiance des fecours humains,
leur demanda fi rien leur avait jamais manqué,
lorfqu'il les avait envoyés quelque part. Cependant
dant ils n'avaient ni reffources de voyages, ni
chauffures pour fe protéger des épines & des

pierres, ni fac de provifions en l'encontre de la
faim. « Rien ne nous a manqué » répondirent-
ils. Alors le Chrift ajouta : « Que celui d'entre
vous qui a un fac ou un biffac les dépofe;
& que celui qui n'a pas de glaive, pour en
acheter un, vende fa tunique. » Toute la doctrine
évangélique n'inculquant pas autre chofe que
la manfuétude, la tolérance, le mépris de la
vie, qui ne pénétrera pas la penfée du Chrift
en cet endroit? Il veut fans doute armer de
plus en plus fes lieutenants, de façon à ce

qu'ils rejettent non-feulement fouliers & biffac,
mais leur tunique même pour courir nus
& dégagés au fervice de l'Évangile : il veut
qu'ils fe procurent feulement un glaive, mais
quel glaive ? non pas celui dont les brigands
fe fervent pour leurs crimes, mais le glaive de
l'Efprit-Saint qui pénètre dans les intimes replis
du cœur, qui tranche toutes les paffions de
manière à ne laiffer que la piété dans ces
profondeurs de l'âme.

Or, voyez comme notre fameux théologien
met ce paffage à la torture. Par glaive il entend
le droit de fe défendre contre la perfécution ;
par petit fac la provifion de vivres fuffifante,
comme fi le Chrift avait fubitement changé
d'avis, en s'apercevant qu'il avait mis en route
fes prédicateurs dans un appareil peu royal ;
comme fi le Chrift chantait la palinodie. Il
aurait donc oublié tous fes enfeignements, la
promeffe du bonheur garantie aux apôtres pour
les temps d'épreuves outrageantes, d'affronts
& de fupplices, & fa défenfe de réfifter aux
méchants : car le bonheur était pour les doux,
non pour les hautains. Il aurait oublié l'exemple
cité des paffereaux & des lis ! Et il ne veut
pourtant pas que fes apôtres partent fans glaive,
puifqu'il leur recommande d'échanger au befoin
une tunique contre une épée & d'aller plutôt
nus que fans cette épée. En outre, comme dans

ce nom d'épée notre théologien comprend tout ce qui peut fervir à repouffer une attaque, il comprend fous le nom de bourfe tout ce qui renferme les commodités de la vie. Et ainfi cet interprète de l'efprit divin nous montre les apôtres munis de lances, de baliftes, de frondes & de bombardes, pour aller prêcher un Crucifié; il les furcharge auffi de bourfes, de valifes, de bagages, de manière à ne jamais fortir de l'auberge finon bien raffafiés.

Notre homme ne s'eft pas davantage ému de

ce que Jéfus-Chrift ordonne bientôt après fur un ton d'adjuration de remettre dans le fourreau l'épée qu'il avait fait acheter. Et les apôtres pourtant ne s'étaient pas fervi d'épées ou de boucliers contre la violence des Païens. Ils euffent dû s'en fervir fi telle avait été la penfée du Chrift, fuivant l'interprétation de ce cafuifte. Or, il eft un autre docteur, que par refpect je ne nomme pas, & cependant nullement des derniers, qui de ce verfet d'Habacuc relatif aux Madianites : « les peaux de la terre de Madian feront troublées » a fait la peau de faint Barthélemy l'écorché. J'ai moi-même affifté, ce que je fais fouvent, à une controverfe théologique. Quelqu'un recherchait d'après quel témoignage des faintes Écritures on ordonnait de brûler les hérétiques plutôt que de les convaincre par la difcuffion. Un barbon, d'afpect refrogné, qu'à fon fourcil on eût reconnu pour théologien, répondit avec un grand emportement que cette loi avait été portée par l'apôtre Paul qui avait dit en propres termes : « Évitez l'hérétique après l'avoir repris une & deux fois. » Il faifait tonner ces mots, & tous le croyaient atteint de frénéfie : enfin il expliqua de cette façon la parole de l'Apôtre : « Il faut retrancher l'hérétique de la vie » confondant *de vita* avec *devita*. Il fe trouva des auditeurs pour rire, mais il n'en manqua

pas pour eftimer ce commentaire d'une rare
profondeur théologique. Cependant, comme
tout le monde n'était pas du même avis, notre
théologien prit la hache de Ténédos & s'écria :
« Écoutez la parole ; il eft écrit de ne pas
laiffer vivre le malfaifant : or tout hérétique
eft malfaifant : concluez. » Pour le coup on
admira l'ingénieux barbon & l'on fe rangea
d'enthoufiafme à fon avis en faifant réfonner
de lourdes chauffures. Or, il ne vint à l'efprit
de perfonne que cette loi atteignait uniquement

les forciers, enchanteurs & magiciens qu'en langue hébraïque on appelle malfaifants : autrement il faudrait punir de mort la fornication & l'ivreffe. Mais je m'arrête à des niaiferies dont le nombre eft fi grand que les ouvrages de Chryfippe, de Didyme ne pourraient les comprendre. Voilà feulement ce que je veux rappeler : fi l'on accorde tant de licences à ces *divins Maîtres*, vous me concéderez bien quelque inexactitude dans les citations, à moi théologienne de figuier.

Je reviens enfin à faint Paul. Il nous dit encore, en parlant de lui-même : « Vous fupportez aifément les fous. » Et plus loin : « Accueillez-moi comme fou, » & auffi : « Je ne parle pas felon Dieu, mais comme fi j'étais fou; » &, dans un autre endroit : « Nous fommes fous pour Jéfus-Chrift. » Voyez, dans la bouche de quel témoin, quel éloge de la Folie! Eh quoi! ne prefcrit-il pas la Folie comme une chofe néceffaire avant tout au falut? « Celui d'entre vous qui veut être fage, qu'il embraffe la folie pour devenir fage. » Et, dans faint Luc, Jéfus-Chrift n'appelle-t-il pas Fous les deux difciples qu'il avait rejoints fur le chemin? Mais, ce qui vous paraîtra fans doute étrange, c'eft qu'à la divinité même faint Paul attribue un grain de folie. Ne dit-il pas : « La folie de Dieu eft plus fage que la fageffe hu-

maine. » Or, suivant l'explication d'Origène,
on ne peut ramener cette folie à l'opinion des
hommes, pas plus que cet autre paffage : « Le
myftère de la croix eft folie pour ceux qui périf-
fent. » Pourquoi me fatiguer par toutes ces
recherches? Le Chrift, dans fes pfaumes, dit à
fon Père : « Tu connais ma folie. » Et ce n'eft
pas fans raifon que les fous ont toujours été
chers à Dieu. Je crois en favoir la caufe. De
même que les princes ont en fufpicion & en
haine les gens trop raifonnables, comme, par
exemple, Jules Céfar à l'endroit de Brutus & de
Caffius, cependant qu'il ne redoutait rien de
l'ivrogne Antoine; comme Néron à l'égard de
Sénèque, Denys vis-à-vis de Platon, tous tyrans
faifant leur fociété des efprits épais & groffiers;
de même le Chrift abomine toujours & ré-
prouve ces *fages* qui mettent leur feul appui
dans leur philofophie. Voilà bien ce qu'attefte
faint Paul, fans la moindre obfcurité, quand il
dit : « Dieu a choifi dans le monde ce qu'il y
a de fou, » & qu'il ajoute : « Dieu a jugé à
propos de fauver le monde par la Folie, » voulant faire entendre qu'il ne pouvait le rétablir
par la fageffe. Dieu lui-même nous dit, par la
bouche du prophète Ifaïe : « Je perdrai la fageffe
des fages & je réprouverai la prudence des prü-
dents. » Ne rend-il pas grâces à lui-même
d'avoir caché le myftère du falut aux Sages & de

l'avoir découvert aux petits, c'eſt-à-dire aux
Fous. Car en termes grecs, pour indiquer les
petits, il oppoſe νηπίοις (inſenſés) à σοφοῖς (ſages).
Rapportons encore à cela tous les paſſages épars
dans l'Evangile, où le Sauveur, attentif à protéger la foule, eſt ſans ceſſe à pourſuivre les
phariſiens, les ſcribes & les docteurs de la loi.
Autrement, que voudraient dire ces paroles :
« Malheur à vous, ſcribes & phariſiens, » ſinon :
« Malheur à vous, ô ſages! » Jéſus-Chriſt paraît
avoir fait ſes délices des gens de rien, des femmes

& des pêcheurs. Bien plus, parmi tant d'efpèces de bêtes, celles-là font le plus agréables au Chrift qui s'éloignent le plus de la prudence du renard. Auffi préféra-t-il monter fur un âne quand il aurait pu, s'il l'avait voulu, s'avancer fur un lion. Le Saint-Efprit eft defcendu fous la forme de colombe & non fous les dehors d'un aigle ou d'un milan. De plus, il eft fréquemment parlé dans les faintes Écritures, de cerfs, de faons, d'agneaux. Ajoutez que le Sauveur appelle fes brebis ceux qu'il deftine à la vie éternelle. Or, rien n'eft plus fot que la brebis. Un proverbe d'Ariftote l'attefte : « Tête de brebis », proverbe qui, puifé dans la ftupidité de cet animal, s'applique à tous les ineptes, à tous les barbares avec une portée injurieufe. Voilà le troupeau dont le Chrift fe proclame le pafteur ! Lui-même a volontiers reçu le nom d'agneau. C'eft ainfi que Jean-Baptifte le défigne : « Voici l'agneau de Dieu. » C'eft fous cette figure qu'il eft le plus fouvent indiqué dans l'Apocalypfe.

Qu'eft-ce que tout cela veut dire? finon que tous les mortels font fous, même les zélateurs de la piété. Car le Chrift lui-même, pour venir en aide à la folie humaine, le Chrift, la Sageffe du Père, s'eft rendu en quelque forte fou, en s'uniffant à la nature humaine, de même qu'il s'eft fait péché pour remédier au péché. Pour

guérir le monde, il n'a pas employé d'autre
méthode que la folie de la croix, d'autres inftruments que des apôtres idiots & groffiers. A
fes apôtres il recommande la Folie, en les
détournant de la fageffe : il leur propofe en
exemple les lis, les enfants, les paffereaux, le
grain de fénevé, tous êtres fans raifon & fans
malice, guidés dans leur exiftence par l'inftinct
de la nature, exempts d'artifice & même de tous
foucis. Ne leur défend-il pas de s'inquiéter
d'avance quand ils auront à parler devant les

grands ? ne leur interdit-il point d'obferver la mefure des temps ? Il voulait fans doute les empêcher de prendre fur leur propre fageffe un point d'appui, au lieu de dépendre entièrement de lui feul. Voilà pourquoi le divin Architecte défendit à nos premiers pères de rien toucher à l'arbre de fcience, comme fi la fcience était le poifon de la félicité. Or, faint Paul rejette la fcience comme pernicieufe & faite pour enfler le cœur. Saint Bernard fuivait les mêmes principes lorfqu'il qualifie de « montagne de la fcience » le mont où Lucifer avait fixé fon féjour.

Preuve qui n'eft pas à dédaigner : je dois avoir du crédit dans le ciel, puifqu'on n'y obtient que fous mon nom grâce pour les péchés, tandis qu'il n'y a point de pardon pour le Sage : de là ceux qui demandent grâce, même ayant péché à bon efcient, prennent le prétexte & le patronage de la Folie. C'eft ainfi qu'au douzième livre des Nombres Aaron prie ainfi pour fa fœur : « Seigneur, je t'en fupplie, ne fais point pefer fur nous un péché que nous avons follement commis. » C'eft ainfi que Saül fe repent à l'égard de David : « Il paraît bien, dit-il, que j'ai agi en fou. » David, lui-même, fléchit de la forte le Seigneur : « Je t'en prie, mon Dieu, enlève cette iniquité du compte de ton ferviteur, car nous avons agi follement. »

Il penſait donc bien ne pas obtenir grâce s'il ne mettait en avant ſa folie & ſon ignorance. Mais ce qui me paraît le plus preſſant, c'eſt le langage du Chriſt ſur la croix, priant pour ſes amis : « Mon Père, pardonne-leur, car ils ne ſavent ce qu'ils font. » Ce fut là toute l'excuſe invoquée, l'ignorance. De même, ſaint Paul à Timothée : « J'ai obtenu la miſéricorde de Dieu parce que j'ai agi dans l'ignorance, cauſe de mon incrédulité. » Qu'était cette ignorance? ſinon la folie & non la malice? Que veut dire :

« Voilà pourquoi Dieu m'a fait miféricorde , » finon que je n'euffe pas obtenu cette miféricorde fi le patronage de la Folie ne m'eût recommandé. Le Pfalmifte était des nôtres, fans que j'aie penfé à le citer, quand il s'écriait : « Daigne oublier, Seigneur, les fautes de ma jeuneffe & mes ignorances. » Il s'excufe, remarquez-le, fur fa jeuneffe, âge dont je fuis l'affidue compagne, & par les ignorances, au pluriel, notez-le, pour montrer toute l'étendue de fa folie.

Pour en finir avec ce qui ferait infini, pour tout abréger , la religion chrétienne , en fon enfemble, paraît avoir une certaine parenté avec la Folie & nul rapport avec la fageffe. Voulez-vous des arguments à l'appui ? Remarquez d'abord que les enfants, les vieillards, les femmes, les fots prennent le plus de plaifir aux facrifices, aux cérémonies du culte; qu'ils fe rapprochent toujours des autels, par la feule impulfion de la nature. Voyez, en fecond lieu, que tous les fondateurs des religions, faifant profeffion d'une fimplicité merveilleufe, ont été les plus acharnés ennemis des belles-lettres. Enfin, il n'eft point de fous plus extravagants que ceux qui ont été faifis tout entiers par l'ardeur de la piété chrétienne; tellement ils répandent leur argent à profufion, ils négligent leurs injures, ils fe laiffent tromper, ils ne font

aucune diſtinction de leurs amis & de leurs
ennemis; ils ont la volupté en horreur; ils
s'engraiſſent de jeûnes, de veilles, de labeurs,
de larmes, d'opprobres; ils n'ont que dégoût
pour la vie & qu'impatience de la mort; en un
mot, on dirait qu'ils ſont privés de ſens commun, comme ſi leur eſprit avait ailleurs élu
domicile & non dans leur propre corps. Que
ſont-ils donc, ſinon des Fous? Nous nous éton-
nerons donc d'autant moins que les apôtres
aient pu paraître aux Juifs avoir une pointe de

vin, & qu'au juge Feſtus ſaint Paul ait produit l'effet d'un Fou fieffé.

Cependant, puiſque nous avons une fois pris la peau du lion, nous pouvons ſoutenir que la félicité convoitée par les chrétiens, au prix de tant de travaux, n'eſt pas autre choſe qu'une eſpèce de folie & de fureur. Ne prenez pas mes paroles à contre-ſens. Je vais m'expliquer ſur le fond des choſes : La doctrine des chrétiens eſt preſque la même que la théorie platonicienne : l'eſprit eſt enfoncé, enveloppé dans les liens du corps, tellement enchaîné par ſa lourdeur qu'il a grand'peine à contempler le vrai, grand'peine à en jouir : auſſi définit-on la philoſophie une méditation de la mort, parce que la philoſophie ſépare l'âme des objets viſibles & corporels comme le fait la mort. C'eſt pourquoi, tant que l'âme emploie d'une façon normale les organes du corps, on l'appelle ſaine & ſage ; mais lorſque l'âme, rompant ſes liens, s'efforce de ſe mettre en liberté & médite une évaſion hors de ſa priſon corporelle, alors on traite de folie cette manière d'agir. Et ſi cette tentative ſe produit par maladie ou défaut des organes, c'eſt du conſentement général une fureur déclarée. Et pourtant nous voyons des hommes de cette eſpèce prédire l'avenir, ſavoir des langues, connaître des littératures qu'auparavant ils n'avaient pas étudiées & manifeſter en eux je ne fais quoi de divin. Ne doutez pas qu'en cette circonftance l'âme, plus libre de la contagion du corps, ne commence à déployer fa native énergie. C'eft pour la même raifon, je penfe, que les mourants femblent montrer des facultés analogues & parler comme en prophètes & en infpirés. Si la piété provoque de pareils phénomènes, ce n'eft point fans doute d'après le même genre de folie, mais cela en approche tellement que la plus grande partie des hommes n'y voit que pure folie, furtout quand un trèspetit nombre de mortels par leur conduite fe mettent en dehors de tout le genre humain. Rappelons-nous, à ce propos, le mythe de Platon, la caverne, où des individus enchaînés admirent de pures ombres : un de ces captifs s'enfuit &, de retour dans cet antre, il déroule le tableau des réalités : il fignale l'erreur de ceux qui ne croient à l'exiftence de rien en dehors de ces miférables ombres. Devenu fage il plaint, il déplore la folie de ces malheureux en proie à de telles illufions : ceux-ci à leur tour fe rient du fugitif comme d'un homme en délire & chaffent ce beau difeur de vérités.

Il en eft de même du commun des hommes : ils donnent leur plus grand foin aux chofes corporelles & croient à peu près qu'elles exiftent uniquement. Au contraire, les gens pieux négligent d'autant plus tout ce qui touche au corps

& font tout entiers ravis à la contemplation des
chofes invifibles. Car ceux-ci accordent le premier rang aux richeffes, le fecond aux jouiffances
du corps, le dernier à l'efprit : quelques-uns
même n'ont pas foi dans l'efprit, ne pouvant
l'apercevoir avec leurs yeux. C'eft une route
tout oppofée que prennent les gens qui s'ap-
puient fur Dieu, le plus fimple de tous les
êtres : après lui ils penfent à la chofe la plus
voifine de Dieu, à leur âme ; ils font infoucieux
du corps, ils méprifent & rejettent la fortune

comme un objet de rebut. Ou, s'ils font obligés
de s'occuper de ces intérêts matériels, ils le font
à regret & avec dégoût, parce qu'ils ont comme
s'ils n'avaient point, qu'ils poffèdent comme
s'ils ne poffédaient point. Il y a encore plufieurs
degrés de différence entre ces hommes.

D'abord, quoique tous les fentiments aient
une liaifon avec le corps, cependant il y en a
d'efpèces diverfes, de plus groffiers comme le
taĉt, l'ouïe, la vue, l'odorat, le goût. Il en eft
de moins corporels, tels que la mémoire, l'entendement, la volonté. L'âme a donc d'autant
plus de force qu'elle s'applique plus ou moins.
Les hommes pieux, attendu que toute la force
de leur âme fe dirige vers les chofes étrangères
aux fens groffiers, deviennent, à l'endroit de ces
mêmes fens, émouffés & ftupides. Le vulgaire,
au contraire, eft toute énergie pour ces fortes de
fens & pour les autres toute faibleffe. Voilà
comment nous entendons dire que des faints
ont bu de l'huile pour du vin. En outre, parmi
les paffions de l'âme, s'il en eft qui aient des
affinités avec le corps, comme le défir amoureux, l'appétence du fommeil & de la nourriture,
la colère, l'orgueil, l'envie, avec ces paffions les
dévots font irréconciliables, tandis que le vulgaire les eftime indifpenfables à la vie. Il eft
enfuite des paffions comme intermédiaires & naturelles, telles que l'amour de la patrie, la

tendreſſe pour les enfants, les parents, les amis.
Le commun des hommes leur accorde quelque
choſe, mais les gens de piété travaillent à ſe les
arracher, ou bien ils les ſpiritualiſent au point
d'aimer leurs pères comme s'ils n'étaient pas
leurs pères, ou qu'ils ne leur doivent que le
corps qui peut encore ſe reporter au Père divin,
mais comme s'ils étaient des gens de bien dans
leſquels ſe reflète l'image de cette ſuprême
intelligence qu'ils appellent le ſouverain bien
& en dehors de laquelle ils n'admettent rien

d'aimable ni de défirable. C'eft d'après cette même règle que nos faintes perfonnes mefurent tous les devoirs de la vie, de telle façon que les chofes vifibles, s'ils ne les méprifent pas fommairement, leur femblent bien inférieures aux chofes invifibles. Ils difent que dans les facrements & les offices de la piété la différence du corps & de l'efprit fe retrouve. Dans le jeûne, par exemple, ils n'eftiment pas beaucoup la feule abftinence de la chair & du fouper, ce qui, pour le vulgaire, conftitue l'obligation du jeûne : il leur faut encore retrancher quelque chofe à leurs paffions, moins accorder que de coutume à l'emportement, à la fuperbe, de telle forte que moins furchargé par la maffe du corps, l'efprit parvient au goût & à la jouiffance des biens céleftes.

Il en eft de même de la meffe : bien qu'ils ne méprifent pas de leur aveu la partie intérieure de ce facrifice, ils la regardent comme inutile & même pernicieufe, s'il ne s'y mêle pas un élément fpirituel, repréfenté par des fignes vifibles. Or, la mort du Chrift y étant figurée, les fidèles doivent la reproduire en domptant, en éteignant, en mettant leurs paffions au fépulcre, pour reffufciter dans une exiftence renouvelée, de façon à ne faire qu'un avec le Chrift & tous leurs frères en Jéfus-Chrift. Tel eft l'état d'efprit des dévots affiftant

à la meſſe. La foule, au contraire, n'y voit
rien que la préſence auprès des autels & le
plus près poſſible, que des chants à entendre
& des cérémonies à contempler.

Ce n'eſt pas ſeulement dans les choſes que
nous avons propoſées en exemple, c'eſt dans
toute leur vie que nos modèles de piété ſe
ſéparent de tout ce qui peut toucher au corps,
ravis par leur eſſor vers l'Éternel, l'inviſible,
la pure ſpiritualité. Puiſqu'il y a donc ce dé-
ſaccord en toute choſe entre les hommes pieux

& ceux qui ne le font pas, vous devez penfer
que mutuellement ils fe font l'effet de véritables
fous. Mais ce vocable, à mon avis, convient
bien mieux aux dévots qu'au commun des
mortels. Cela vous fera beaucoup plus évident
fi, comme je l'ai promis, je démontre en peu
de mots que cette fouveraine récompenfe à laquelle ils afpirent n'eft pas autre chofe qu'une
forte de fureur.

Dites-vous d'abord que Platon a conçu un
rêve femblable quand il écrivait que la fureur
des amants était de toutes la plus heureufe.
En effet, celui qui aime avec paffion, ne vit
plus en lui, mais dans la perfonne qu'il aime,
&, plus il fort de lui-même, plus il fe tranf-
forme en l'être aimé, plus il éprouve de délices.
Ainfi, quand l'efprit d'un dévot fonge à quitter
ce corps en répudiant l'ufage de fes organes,
vous appellerez cela de la fureur. Autrement
que fignifieraient ces locutions d'ufage commun? « Il eft hors de lui, reviens en toi-même;
il eft rentré en lui-même. » En outre, plus
l'amour eft parfait, plus la fureur eft éperdue
& enthoufiafte. Quelle fera donc la vie des
habitants du ciel vers laquelle foupirent fi
paffionnément tant d'âmes pieufes? L'efprit, fans
doute plus fort & vainqueur, abforbera le corps.
Et il le fera d'autant plus aifément que déjà
dans la vie d'ici-bas il aura abforbé & exténué

le corps. Enfuite l'efprit fera abforbé par la fuprême intelligence qui le dépaffe infiniment : fi bien que l'homme tout entier fera hors de lui & feulement bienheureux, parce que, détaché de foi-même, il fentira je ne fais quel raviffement ineffable de çe fouverain bien qui attire tout à lui. Au refte, quoique cette félicité ne doive être parfaite qu'au moment où les efprits partageront l'immortalité avec le corps recouvré, cependant comme la vie de nos hommes pieux n'eft pas autre chofe que la méditation de la vie éternelle, que l'ombre du 'paradis, il fe peut qu'en ce monde ils en reffentent quelque avant goût, ils en perçoivent quelque parfum. Ce n'eft pourtant qu'une petite goutte auprès de cette fource d'éternelle félicité & pourtant cette goutte eft préférable à toutes les voluptés du corps, même fi toutes les délices des mortels étaient confondues en un réfervoir. Tellement les chofes fpirituelles font au-deffus des chofés matérielles, les invifibles biens au-deffus des biens vifibles ! Auffi trouvons-nous cette promeffe en un prophète : « L'œil n'a pas vu, l'oreille n'a pas entendu, & vers le cœur de l'homme n'eft point monté ce que Dieu a ménagé pour ceux qui l'aiment. » C'eft là ce genre de Folie qui ne fe perd pas, mais qui fe confomme en paffant de la terre au ciel.

26

Ceux donc qui ont traversé de pareils sentiments, & le nombre en est bien petit, éprouvent une sorte de démence; ils disent des mots incohérents, font entendre des sons indistincts, changent de visage à tout moment. Tantôt gais, tantôt abattus, on les voit pleurer, rire, soupirer, toujours aux extrêmes, hors d'eux-mêmes. Enfin, quand ils sont rentrés dans leur bon sens, ils assurent ne pas savoir où ils ont été, s'ils ont voyagé en corps ou en esprit, dans le sommeil ou en état de veille. Qu'ont-ils entendu, vu, dit, fait? ils n'en ont nul souvenir, si ce n'est comme à travers une nuée ou dans un songe; ils savent seulement que dans leur folie ils étaient très-heureux. Aussi déplorent-ils leur récipiscence & ils donneraient tout pour être toujours fous de ce genre de folie, & c'est encore pour eux une mince portion de l'éternelle béatitude.

Cependant, depuis longtemps je m'oublie & je cours en dehors des limites. Si quelqu'un de mes discours vous paraît empreint de pétulance ou de loquacité, songez que je suis la Folie &, qui plus est, femme. Cependant souvenez-vous de ce proverbe, que : « Souvent l'homme fou a parlé mal à propos, » à moins que vous ne pensiez que ce dicton ne concerne en rien les femmes. Je vous vois attendre une conclusion. Mais vous êtes bien fous vous-

mêmes, fi vous vous imaginez que je puiffe me rappeler tout ce que je vous ai dit, quand j'ai répandu un tel fatras. Voici deux fentences en guife de conclufion, l'une fort vieille : « Je n'aime pas un compagnon de bouteille bien pourvu de mémoire, » & l'autre, de fraîche provenance : « Je hais l'auditeur aux fouvenirs tenaces. »

Allez donc en paix, applaudiffez-moi, je vous fouhaite graffe vie & bonne fanté, illuftres adeptes de la Folie ; & maintenant la farce eft jouée !

NOTES

AVANT-PROPOS ET INTRODUCTION

Page I. *Traduire l'Éloge de la Folie.* — De cet *Éloge de la Folie* on peut rapprocher avec agrément & profit un charmant opufcule de Louife Labé, reproduit dans l'édition définitive de M. Profper Blanchemain. C'eft une fantaifie dialoguée, partagée en cinq « difcours » & portant pour titre : *Débat d'Amour & de Folie.* L'apologie de la cliente d'Erafme eft faite cette fois par Mercure en plein tribunal olympien.

Page II. *Le rire bienheureux de la Renaiffance.* — Taine, dans fa *Philofophie de l'art en Italie,* a fort bien dit pour caractérifer cette époque : « L'homme va au grand rire comme l'eau coule fur la pente. »

Page III. *La dame au vert chaperon.* — Pafferat, dans fon fonnet au Roi fur la mort du fou Thulène, montre ce dernier bien & dûment

. . . . couvert
D'un joli chaperon fait de jaune & de vert.

Page VI. *Comme Shakefpeare traite fon Malvolio.*—Avec ce métaphorifme parfois bizarre du grand poëte anglais, Olivia fait entendre à ce Malvolio ce qu'elle penfe de lui & de toute l'efpèce des hypocrites toujours prêts à fe récrier : « Quand on eft généralement fans remords & de franche nature, on prend pour des

flèches à moineau ce que vous tenez pour des boulets
de canon. » (*Le Soir des Rois*, trad. F.-V. Hugo.)

Page VIII. *Atellanes.* — Confulter fur cette queftion un
excellent réfumé de M. Paul Albert, dans fon *Hiftoire
de la littérature romaine*. (Ch. Delagrave, 1870,
p. 182 & fuiv.) : « Les fables atellanes (d'Atella,
capitale des Ofques) étaient de véritables fables fatiriques. Leurs perfonnages devinrent de bonne
heure des types qui pouvaient recevoir les modifica-
tions les plus diverfes fans perdre leur caractère original. » Ainfi, M. Paul Albert voit dans l'*atellane* la
forme primitive de la *Commedia dell' Arte;* dans fes
héros Maccus, Bucco, Pappus, Dorfennus, les proto-
types de l'Arlechino, du Pulcinella, du Pantalon, du
Docteur bolonais.... Sylla lui-même fe plut à compofer des atellanes. M. Paul Albert nous renvoie du
refte à la monographie des *Atellanes*, par Munck
(*de Fabulis atellanis*).

Page XVIII. *La fcolaftique épaiffie de ténèbres...* —
« C'eft affez vécu en ténèbres », s'écriait Dolet.

Page XIX. *Guillaume de Lorris, Jean de Meung, Rutebeuf, Alain Chartier.* — L'excellent ouvrage de
M. Charles Lenient, *la Satire en France*, vous rendra
toute cette ironie des vieux trouvères, plus libres que
ne le pourraient être nos contemporains.

Page XXX. *Les Adages.* — La publication des *Adages*,
en 1500, fut le grand fuccès de l'époque. L'illuftre
helléfinfte Budé difait de ce livre, compilation de
toute la fageffe antique : « C'eft le magafin de Minerve,
tout le monde y a recours, comme aux feuilles de la
fibylle. »

Page XXXI. *Les honneurs.* — « Holbein, le grand peintre
de Bâle, peignit Erafme en habit de triomphateur,
paffant, couronné de lauriers, fous un arc romain
& comme entraînant le monde par cette *via facra* de
l'antiquité. » (Michelet, *la Renaiffance*, p. 376.)

Page XXXIII. *L'infiftance de Léon X.* — Voici un
fragment d'une lettre de Léon X à Henri VIII, où, à
propos d'Erafme, le pape athénien dit entre autres
chofes : « J'ai toujours aimé les hommes doctes & les

bonnes lettres : cct amour eſt né avec moi, l'âge n'a
fait que l'accroître, parce que les lettres font l'orne-
ment & la gloire de l'Eglife chrétienne. »

Page XXXIV. *Budé.* — Rechercher à propos de Budé
non-feulement l'*Eſſai hiſtorique* de M. Rebitté (1846),
mais les pages de Bayle, un mémoire de Boivin le
jeune (5e volume du *Recueil de l'Académie des Inf-
criptions*); un article d'Andrieux (*Œuvres*, 4e vol.);
un chapitre de M. Charpentier (*Hiſtoire de la Renaiffance des Lettres en Europe*); une étude de Léon
Feugère, dans les chapitres qui fervent d'appendice
à fon *Eſſai fur les Femmes poétes au* XVIe *ſiècle*
(Didier).

Page XXXVI. *Avec l'Eloge de la Folie.* — Il eſt curieux
de favoir l'opinion de Luther fur ce livre, quand il
fe fut tourné contre Erafme. Les *Propos de table*
nous l'apprendront : « En écrivant fon livre fur la
Folie, Erafme a engendré une fille telle que lui. Il
veut badiner, ricaner & railler; mais c'eſt un bouffon
& un extravagant, & le livre de ce fou eſt pure
folie. »

Page XXXVII. *Bedda.* — Ce Bedda, cuiſtre fanatique,
ofa bien s'attaquer au bon génie de la Renaiſſance,
à la fleur des Valois, à Marguerite d'Angoulême,
ducheſſe d'Alençon, reine de Navarre. Il la fit jouer
en *furie d'Enfer* par les écoliers du collége de
Navarre. Bedda fut fans doute pourfuivi, condamné
à l'amende honorable, relégué au mont Saint-Michel.
Mais après fa difgrâce fes outrances fanatiques n'en
eurent pas moins gain de caufe.

Page XXXVIII. (Note.) *Clément Marot a traduit deux
de ces colloques.* — Ce même Marot a fait, en quatre
vers affez mauvais du reſte, une épitaphe du « grand
Erafme ». (Coll. Jannet, t. II, p. 237.)

Page XLVI. *Le Caton dont parle Sénèque.* — Voir le
traité *de Conſtantia ſapientis.* Sénèque y divinife
Caton. Les paroles auxquelles je fais allufion font
celles-ci : *Stetit ſolus & cadentem rempublicam, quan-
tum modo una retrahi manu poterat, retinuit.*

Page LX. *Quelle eſt la Pallas qui t'a mis cela en téte?*

—L'auteur fait allusion aux interventions fréquentes d'Athéné dans l'*Iliade* & dans l'*Odyssée*; « perpétuelle conseillère d'Ulysse & de Pénélope », guide de Télémaque, elle est devenue, par une conséquence logique, le *Mentor* de Fénelon.

— *Tu fais le personnage de Démocrite.* — Voir Juvénal (IVe satire) : « Comment ne pas approuver ces deux philosophes dont l'un partait invariablement d'un éclat de rire au premier pas qu'il faisait hors de chez lui, tandis que l'autre, au contraire, larmoyait toujours. Rire, du reste, est une façon de satire à la portée de tout le monde; ce qui m'étonne, c'est qu'Héraclite ait eu autant de larmes à sa disposition; Démocrite, lui, riait à se rompre les côtes ». (Trad. Despois.)

— *L'homme de toutes les heures.* — Expression attribuée à Tibère par Suétone, dans la *Vie* de ce prince.

— *Un souvenir de ton ami* — Il y a dans le texte μνημόσυνον *tui sodalis.* — C'est un hémistiche de Catulle. (12, 13.)

— *Chicaneurs.* — *Vitiligatores*, dit le texte latin, mot énergique pour désigner la manie, la maladie de plaider. Caton l'a introduit dans la langue latine. Chez nous Racine a dit :

Des chicaneurs viendront nous manger jusqu'à l'âme...
Racine (*les Plaideurs*, act. I, sc. VIII).

Page LXI. *L'ancienne Comédie.* — La Comédie grecque, on le sait, dérive, comme la tragédie, des solennités dionysiaques, des fêtes du Kômos. Elle eut de toute antiquité la parabase, défilé du chœur comique venant chanter une tirade lyrique devant les spectateurs, & la danse du cordace. A cette danse hardie et quelquefois obscène, à cette parabase qui n'est qu'une longue apostrophe coupée d'élans & de réflexions, les lecteurs plus ou moins bienveillants pourraient en quelque manière comparer l'opuscule d'Erasme. Mais cette comparaison n'aurait rien de désobligeant pour lui. La « vieille » ou « ancienne » Comédie s'est incarnée dans Aristophane; mais nous savons que ses plus grandes audaces n'étaient rien auprès des intempérances de ses devanciers, Cratinos & Cratès. Aristophane joua en réalité vis à vis de ses prédécesseurs, comme plus tard Shakefpeare & Molière, un rôle de modérateur.

— *La Batrachomyomachie.* — On a ceffé depuis longtemps d'attribuer à Homère ce petit poëme tragi-comique dont l'honneur eft fort arbitrairement revendiqué pour Pigrès, frère d'Artémife.

— *Le Culex, le Moretum.* — Ces deux petits poëmes font réclamés, comme la *Copa*, pour la jeuneffe de Virgile.

— *Bufiris.* — Ce tyran, mis à mort par Hercule, était le plus fouvent un perfonnage de comédie. Antiphane, Ephippos, Mnéfimaque l'avaient pris à partie. A fon fujet, dans notre *Hercule grec* (p. 122), nous avons dit : « Ce fpectacle des tyrans grotefques était politique à l'égard des rois ou des ufurpateurs populaires. Pour ceux qui réfléchiffaient dans les libres cités grecques, rien ne devait être plus pitoyable & par fuite plus rifible que l'être doué de toutes les puiffances pour le mal. Contre Denys & fes émules le rire était une des revanches de la juftice & de la liberté! Bufiris a, du refte, fouvent occupé les poëtes de l'antiquité. Ces vers fameux de Virgile en portent témoignage :

> *Quis aut Euryfthea durum*
> *Aut illaudati nefcit Bufiridis aras.* »

— *Glaucon a loué publiquement l'injuftice.* — Ce trait de Glaucon eft emprunté à la *République* de Platon (liv. II).

— *Favorinus, Therfite & la fièvre quarte.* — C'eft Aulu-Gelle (liv. XVII, chap. XII), qui nous dénonce ce Favorinus comme un homme habitué à traiter d'abfurdes paradoxes. Il était d'ailleurs apprécié de fon temps. Ce rhéteur fut l'ami d'Adrien, l'émule de Polémon, le familier de Plutarque, après avoir été l'élève de Dion Chryfoftome. Therfite nous eft connu par Homère, qui le met en fcène au IIe chant de l'*Iliade* (212-277). D'après le témoignage de la *Chreftomathie* de Proclus, confervée dans la bibliothèque de PHOTIUS, Arctinos de Milet, un des poëtes du cycle épique, auteur d'une *Ethiopide*, faifait tuer Therfite par Achille. Therfite fe ferait attiré le courroux du héros en lui reprochant, après fa lutte victorieufe contre Penthéfilée, l'amour infpiré par la vue de l'amazone morte. Achille aurait été obligé d'aller chercher une expiation à Lesbos, fous les aufpices d'Artémis & de Léto, par l'intermédiaire d'Ulyffe.

— *Synéfius.* — Ce fut un de ces hommes à l'imagination demi-chrétienne, demi-païenne, qui abondèrent dans les premiers fiècles de l'Églife triomphante. Il fut poëte & évêque de Ptolémaïs.

— *Sénèque a exercé fa verve fur l'apothéofe de Claude.* — Cette apothéofe dérifoire de Claude porta le titre d'*Apocoloquintofe* ou *Métamorphofe de Claude en citrouille*. Ce pamphlet a fourni la matière d'une des meilleures leçons rédigées par M. C. Martha, cet écrivain exquis, ce fin connaiffeur de la littérature latine.

— *Le dialogue d'Ulyffe & de Gryllus.* — On fait avec quelle fimplicité enjouée Fénelon a repris dans fes *Dialogues* ce vieux thème de l'antiquité.

— *Chevauché fur un long bâton.* — Réminifcence d'Horace : *Equitare in arundine longa.*

Page LXII. *Combine des queftions fur la laine des chèvres.* — Le commentateur Gerardus Liftrius comprend fous ce titre en propres termes l'Immaculée Conception, la toute-puiffance du faint-père, la précellence de Pierre ou de Paul, matières où il entre, dit-il, « plus d'argumentation litigieufe que de vraie piété ».

Page LXIII. *Pour ce qui regarde la farine.* — Réminifcence d'Ariftophane dans les *Nuées* : « Et que me ferviront vos nombres pour la farine ! »

— *Nous n'avons pas été, comme Juvénal, remuer la fentine fecrète des crimes.* — Relire à l'appui ces trois poëmes du Maître, qui réfument la décadence romaine : « *L'Efprit de Rome* (Châtiments) ; la *Statue* (Contemplations, Ier volume) ; *au Lion d'Androclès* (Légende des fiècles) :

> Tous les vices de Rome, égoût du genre humain,
> Suintent comme en un crible à travers cette voûte,
> Et l'immonde univers y filtre goutte à goutte. »

TRADUCTION

Page 1. *C'eſt la Folie qui parle.*—Cette entrée en ſcène
d'un être allégorique, à moitié abſtrait, à moitié
divin, nous rappelle l'apologie bien moins étendue
mais non moins curieuſe que la Fortune prononce
dans la *Conſolation* de Boèce (liv. II). Le début offre
quelque analogie avec les premières lignes de l'opuſcule éraſmien. La Fortune ſe plaint auſſi d'être mécon-
nue :

> Quid tu, o homo, ream me quotidianis agis querelis?
> Quam tibi fecimus injuriam? quæ tua tibi detraximus bona?

Page 2. *Comme des dieux d'Homère.* — Les dieux
d'Homère étaient bons convives. Ils ne dédaignaient
pas de quitter l'Olympe pour les banquets terreſtres.
L'*Iliade* (ch. I, v. 423 & ſuiv.), les attable chez les
« irréprochables » Éthiopiens.

— *Népenthès.* — Boiſſon qui ſuggérait l'oubli de la
douleur. La formation du mot l'indique, aſſociant
πένθος, douleur au ν privatif. Dans l'*Odyſſée* (ch. II,
v. 219 & ſuiv.), Hélène hoſpitalière offre à Télémaque
comme à Ménélas, ſon époux réconcilié, le breuvage
du népenthès, qui inſinue l'oubli des maux & tarit
pour un jour la ſource des larmes.

— *L'antre de Trophonius.* — L'oracle de Trophonius,
perſonnage myſtérieux, réſidait dans une caverne de
Béotie. Vous trouverez à ce ſujet la deſcription la plus
complète dans *Pauſanias* (IX, 39). Déjà Hérodote en
a fait mention (*Clio*, chap. XLVI); dans les *Nuées*
d'Ariſtophane (v. 508), Strepſiade ſe dit ſaiſi de
crainte devant la maiſon de Socrate comme s'il avait
à deſcendre dans l'antre de Trophonius. Conſultez
encore Plutarque (*de Oraculorum defeĉtu; — de Deo
Socratis; — Athénée*, liv. XIV), où il rapporte l'hiſtoire d'un certain Parméniſcos qui était revenu de
l'antre de Trophoniùs, à jamais incapable de rire,
ἀγέλαϛος; — Lucien (*Dial. des morts*, III); — Phi-
loſtrate (*Apoll. Tyan.*, VIII, 39); — Cicéron (*Tuſcul.*
I, 47; *de Nat. deor.*, III, 19).

— *Celle que jadis notre Midas a départie au dieu Pan.*
—Le jugement de Midas eſt trop connu pour y inſiſter.
Le rôle non plus fabuleux mais hiſtorique de Midas
eſt atteſté par Hérodote (liv. Ier, chap. xiv).

Page 3. *Ce nom de ſophiſtes.* — Les ſophiſtes ont ſi
mauvais renom qu'on ne peut les réhabiliter qu'à
demi. Cependant il n'eſt plus permis de nier l'utilité
de leur apparition, l'efficacité de leur enſeignement,
quand on apprend ſoit l'hiſtoire, ſoit la philoſophie
grecque avec MM. Perrot ou Girard, Chaignet ou
Fouillée.

— *Un éloge non d'Hercule.*—Alluſion au grand nombre
des panégyriques d'Hercule qui avaient été prononcés.

Page 4. *Habille la corneille de plumes étrangères.* —
Cette locution répond à une formule d'apologue très-
ancienne. Eſope & Phèdre ont indiqué à notre la
Fontaine le *Geai paré des plumes du Paon.*

Page 5. *Phalaris.* — Lucien a écrit l'apologie de Phalaris. C'eſt une pure déclamation que le ſatirique prête
à un Dorien venant juſtifier Phalaris devant les Agri-
gentins, & faiſant retomber les crimes du tyran sur
Périlaüs qui n'en peut mais.

Page 8. *Anes ſous la peau du lion.* — (V. Eſope,
fable V; — La Fontaine, liv. V, fable XXI, l'*Ane
vêtu de la peau du lion.*)

— *Leurs oreilles proéminentes ſignalent en eux des
Midas.* — Le ſouvenir de ces oreilles légendaires
provoque des exclamations plaiſantes dans une farce
de la ducheſſe d'Alençon. (V. les *Marguerites de la
Marguerite des Princeſſes*, t. IV.) Trop & Prou,
perſonnages allégoriques, ſont à leur grand ennui
pourvus d'oreilles démeſurées. Et ils ſe récrient fréquemment & s'en prennent ſurtout au roi de Phrygie,
leur devancier :

> Midas, Midas, Midas, Midas!
> Nos triſteſſes ſont nonpareilles. . . .
> . . . .
> . . . .
> Midas, Midas, Midas, Midas !
> Que pour vous nous avons de peine

. . . .
. . . .
Midas, Midas, Midas, Midas !
Pour nous très-mal vous fûtes né,
. . . .
. . . .

Page 9. *Et cela eſt comme cela.* — Paroles prêtées avec une intention dériſoire à l'eſclave Carion par Ariſtophane, dans le *Plutus*.

Page 10. *Le Chaos, Orcus, Saturne, Japet.* — Eraſme, en bon helléniſte, rappelle ici les divinités primitives, telles qu'Héſiode les a dénombrées dans ſa *Théogonie.* Il n'omet d'y joindre que l'Amour, l'Erèbe, la Nuit. « Avant toutes choſes fut le Chaos », dit Héſiode (v. 116). Japet arrive au vers 134, à côté d'Hypérion. Saturne ou Chronos eſt plus jeune, « Chronos à l'eſprit recourbé » (y. 137). Orcus eſt un nom latin qui répond à l'Hadès des Grecs. Orcus, chez les Romains, nous repréſente le dieu des ſerments ; par métonymie, ce vocable ſignifie la demeure ſouterraine. Voici deux exemples différents du même mot pris dans une double & diverſe acception :

Dives in ignava lucidus Orcus aqua.
                    Tibulle (III, iii, 38).
Stygioque caput damnaverat Orco.
                    Virgile.

Une troiſième ſignification vient s'y ajouter, celle de *mort :*

Horriferis accibant vocibus Orcum,

dit Lucrèce en parlant de nos ancêtres des âges préhiſtoriques. (*De Nat. rer.*, v. 993.)

Milton, ſi pénétré de mythologie, n'a pas manqué de ſe ſouvenir de tous ces dieux des premiers âges. Il inſère dans ſa hiérarchie infernale, au Ier chant de ſon poëme, Saturne lui-même ; au IIe chant, il range autour du Chaos comme deux êtres diſtinɛts, Orcus & Hadès, & place auprès d'eux Démogorgon « au nom redouté », qui ſemblerait plus primitif & plus myſtérieux encore.

— *Mon père c'eſt Plutus.* — Reportons-nous à l'œuvre brillante qui, chez Ariſtophane, ſert de tranſition entre la vieille & la moyenne Comédie. Rappelons-nous la cécité de Plutus, dont deux adroits compères veulent faire leur profit, & l'éloquente proteſtation de la Pauvreté qui s'annonce déjà comme la mère féconde des héros.

Page 11. *La farouche Pallas.* — Pallas & Athéné qu'Eraſme confond d'après la tradition de toute l'antiquité, primitivement conſtituaient deux déeſſes féparées, comme les plus anciens monuments en font foi.

— *Ce boiteux artiſan.* — Cette épithète, qui s'applique à Vulcain, éveille le fouvenir de la jolie odelette de Ronſard :

> Le boiteux mari de Vénus,
> Le maiſtre des Cyclopes nus.

— *L'errante Délos.* — La deſtinée mythologique de Délos remplit la première partie de l'hymne homérique en l'honneur d'Apollon. Callimaque a chanté « Délos ». Tibùlle, au déclin des ferveurs païennes, s'écriait :

> Delos, ubi nunc
> Phœbe tua eſt.
>
> Tibulle (II, iii, 30).

— *La mer onduleuſe.* — Alluſion à la naiſſance d'Aphrodite-Vénus, ſi fouvent célébrée par les poëtes dans fon apparition d'Anadyomène. Toutes les mémoires réſonnent des beaux vers de Muſſet, déparés malheureuſement par un non-fens : « Vénus *Aſtarté* ». L'Aſtarté phénicienne n'a rien à démêler avec les divinités de l'Hellade & de l'Ionie. Sully-Prud'homme, après Muſſet, a glorifié « *la naiſſance de Vénus* » (*Stances & Poëmes*, édit. Lemerre, 1872) :

> Je parais pour changer, reine des harmonies,
> Les rages du chaos en flottantes langueurs,
> Car je fuis la beauté ; des chaînes infinies
> Gliſſent de mes doigts blancs au plus profond des cœurs.

— *Les creuſes cavernes.* — « Creuſes », épithète homérique.

— *Iles Fortunées.* — Horace avait invoqué les îles Fortunées, féjour des bienheureux :

> Arva, beata
> Petamus arva, divites & infulas &c.
>
> (*Epodes* XVI, 42.)

De même dans l'ode VIIIe du livre IV, nous lifons :

Ereptum ftygiis fluctibus Æacum
Virtus & favor & lingua potentium
. . . .divitibus confecrat infulis.

— *Champs d'afphodèle.* — L'afphodèle avait peu de prix pour les anciens & quelque trifteffe à leur eftimation. Car c'eft en des champs d'afphodèle que fe menait la danfe des morts, comme a pu le dire Leconte de Lifle en fes Imitations anacréontiques.

Page 12. *Moly.* — Herbe fabuleufe dont Hermès fait préfent à Ulyffe dans le Xe chant de l'*Odyffée* (v. 302 & fuiv.), pour le préferver des philtres vénéneux de Circé : « Ayant ainfi parlé, le tueur d'Argus me préfenta une plante arrachée à la terre & m'en apprit les vertus; elle était noire par la racine, par la fleur d'une blancheur lactée; les dieux l'appellent moly. »

— *Les jardins d'Adonis.* — Rechercher la defcription d'un jardin d'Adonis dans les *Syracufaines.* (Théocrite, Idylle XV.)

— *Je n'ai nullement commencé la vie par les pleurs, mais par un doux fourire à l'adreffe de ma mère.* — Phénomène exceptionnel, don de nature. C'eft à un enfant divin promis à de miraculeufes deftinées que Virgile a pu dire feulement :

Incipe, parve puer, rifu cognofcere matrem.

Page 13. *Philautia, Kolakia, &c.* — Ces abftractions perfonnifiées étaient dans le goût latin; le moyen âge les a tranfmifes fidèlement à la Renaiffance.

Page 14. *Affembleur de nuages.* — Auparavant nous avons vu Pallas *douée de la force paternelle.* Les expreffions homériques abondent chez Erafme.

Page 16. *En dépit de Lucrèce.* — Allufion au début du beau poëme de l'ami de Memmius.

Page 17. *A ne rien penfer confifte le bonheur de la vie.* — La Folie force un peu les textes. Dans Sophocle, ces paroles font prononcées par Ajax, bleffé d'amertume & de mélancolie, lorfqu'il fe fait amener fon jeune enfant par fa captive & concubine Tecmeffe.

Page 20. *Je hais un enfant d'une précoce fageffe.* —
Adage cité par Apulée.

— *Plus doux que miel.* — Epithète fouvent attribuée
à Neftor dans Homère.

— *La voix douce comme le lis.* — C'eft ainfi qu'Homère
qualifie la voix grêle & douce de ces vieillards rangés
fous les murs d'Ilion, & « femblables à des cigales »,
auxquels il fut donné de voir & d'admirer Hélène,
tout en déplorant fon féjour à Troie. (*Iliade*, ch. III,
v. 149 & fuiv.)

Page 23. *La jeuneffe de Tithon.* —
          Te potuit lacrymis Tithonia flectere conjux.
                              Virgile.

    Malherbe, dans fa *Confolation à du Périer*, a fixé
bien mal à propos, du refte, ce fouvenir mythologique :
          Tithon n'a plus les ans qui le firent cigale.

Page 24. *Morychos.* — Une des épithètes appliquées
à Dionyfos. — Bacchus, littéralement « l'enluminé ».

— *La vieille Comédie.* — La vieille Comédie à tout
moment fe jouait aux dépens de Bacchus, comme elle
s'exerçait à moindre droit au préjudice d'Hercule.
L'exemple le plus fameux d'un Bacchus livré aux
rifées fe trouve dans les *Grenouilles* d'Ariftophane.

Page 25. *Vénus belle comme l'or.* — Epithète très-
fréquente chez Homère & dans tous les vieux poëtes.
L'éclat de l'or fuffit à la juftifier. De même « elle rit
toujours » (p. 26), répond à l'épithète homérique
φιλομειδὴς, amie du rire.

Page 26. *Momus qui jadis avait coutume de les traiter de la forte.* — D'abord pris au férieux comme un
divin cenfeur, Momus eft devenu chez Lucien & dans
les polygraphes de la décadence le railleur de l'Olympe,
une forte de Ménippe célefte.

— *Précipité fur la terre avec Até.* — Até, déeffe de
l'égarement & de la punition auffi, nous repréfente
un des plus anciens perfonnages myftiques. Elle nous
eft défignée par Héfiode (*Théogonie.*, v. 230), comme
la fille d'Eris (la Difcorde), & citée par Homère à deux

reprifes. Au chant ix (v. 504 & fuiv.), Até donne
lieu au beau mythe des Prières marchant fur fes pas
pour réparer les dommages qu'elle a caufés. Au
chant xix (v. 910 & fuiv.), non-feulement elle eft
décrite par le poëte, mais Homère nous raconte fa
complicité avec Héra pour retarder l'accouchement
d'Alcmène. Alors Zeus faifit Até par fes cheveux
« luifants », & s'engagea par ferment à ne la jamais
laiffer revenir dans l'Olympe & « le ciel étoilé ».
M. Jules Girard, dans fon beau livre fur le *Sentiment
religieux en Grèce*, a rendu avec fa fineffe & fa profondeur accoutumées ce type étrange d'Até (p. 113) :
« Chaffée du ciel, elle tourmente & afflige les hommes.
« Elle les abufe, & par l'erreur les pouffe au mal qui
« appelle fur le coupable la punition. Ce qui l'aide le
« plus dans fon œuvre malfaifante, c'eft la paffion
« infolente & hardie toujours prête à franchir les
« bornes légitimes, toujours difpofée à *l'injure orgueil-*
« *leufe.* »

Page 28. *Priape en bois de figuier.* — Sans parler
de la Ire fatire du Ier livre dans Horace, Priape a
fouvent infpiré les poëtes, & fpécialement dans
Catulle, fon zélé deffervant, les poëmes XVIII, XIX,
XX, font pleins de grâce & de fraîcheur.

— *Mercure ne donne-t-il pas la comédie par fes larcins
& fes preftiges ?* — Rien ne vaut en cet ordre d'inventions mythologiques l'hymne à *Hermès*, fi heureufement mis en fcène par Cox, dans fes contes mythologiques : *les Dieux & les Héros.* (Traduct. Baudry
& Délerot. Hachette, 1867.)

— *Vulcain lui-même a fait le plaifant à la table divine.*
— Cette gaîté de l'Olympe, amplifiée par l'Evhémé-
rifme, a largement défrayé les poëtes de la Renaiffance. V. Hugo, en écrivant fon beau poëme du *Satyre*,
a été fidèle à leur tradition; c'eft bien au début
l'Olympe vu à travers Lucien.

— *Silène qui danfe le cordace avec les Polyphèmes.* —
Le type de Silène eft un des plus curieux qu'ait
inventés l'antiquité compréhenfive. Tantôt elle le
figure dans les drames fatiriques comme un ivrogne
pufillanime, dodelinant fur un baudet :

   Pando Silenus afello ;

tantôt elle le préfente comme un vieillard d'une fageffe & d'une expérience confommées, tenant devant Midas le langage le plus grave, révélant aux bergers, dans Virgile, l'origine des chofes. Comme Bacchus, fon élève, il offre un double caractère phyfique & myftique. Dans le livre III de la *Symbolique* de Creuzer, M. Guigniaut a faifi avec fa puiffance d'indagation ce perfonnage complexe.

— *Les Satyres demi-boucs jouant leurs atellanes.*—Admirons une fois pour toutes ce bonheur d'expreffion, *rerum curiofa felicitas*, qui témoigne de l'imagination d'Erafme. Quelle invention charmante & neuve alors, ces fatyres comédiens !

— *Pan avec fa chanfon fans art.*— Ce n'eft pas une chanfon fans art, mais un chant délicieux que l'hymne homérique affigne à ce dieu montagnard :

Μελίγηρυν ἀοιδήν

Il en fait le maître accoutumé des rofeaux & le compagnon de danfe des nymphes. Ici notre Erafme s'éloigne de la tradition.

— *Harpocrate.* — Dieu du filence.

— *Corycien.* — Locution accréditée chez les Grecs. On traitait de coryciens tous ceux qui écoutent à la dérobée.

Page 33. *Quand un homme embraffe avec délices une tache fur le vifage de fa maîtreffe.* — La penfée évoque le fameux paffage du *Mifanthrope*, où Molière d'ailleurs s'eft infpiré de Lucrèce. Entre Lucrèce & Molière, Horace a jeté ces vers qu'Erafme tranfcrit à peu près. (*Satires*, liv. I, fat. III, v. 38 & fuiv., 54, 55, 69, 70.)

Illuc prævertamur, amatorem quod amicæ
Turpia decipiunt cœcum vitia aut etiam ipfa hæc
Delectant, veluti Balbinum polypus Hagnæ.

. . . . Strabonem
Appellat pætum pater . . . .
. . . . Opinor,
Hæc res & jungit, junctos & fervat amicos.
Nam vitiis nemo fine nafcitur; optimus ille eft
Qui minimis urgetur. . . . .

Page 34. *Le ferpent d'Epidaure.* — Horace, (ibid.,
v. 25, 26).

> Cur in amicorum vitiis tam cernis acute
> Quam aut aquila aut ferpens epidaurius...

Les ferpents d'Epidaure étaient confacrés à Efculape.
Le ferpent fymbolifait du refte la perfpicacité comme
la prudence.

— *La beface fur leur dos.*—Encore un legs d'Efope aux
poëtes & aux moraliftes. Perfe s'eft écrié bien avant
Erafme :

> Ut nemo in fefe tentat defcendere, nemo,
> Sed præcedentis fpectatur mantica tergo.

Et bien après Erafme, la Fontaine s'écriera :

> Le fabricateur fouverain
> Nous créa befaciers tous de même manière.
> (*Fables*, liv. I, vii.)

Page 36. *Traitez-le de coucou.* — Nous renvoyons
le lecteur à ce charmant poëme de Pafferat : *Métamorphofe d'un homme en oifeau.* Selon Sainte-Beuve,
dans fon *Tableau de la poéfie françaife au xvie fiècle*,
c'eft un petit chef-d'œuvre de grâce & d'enjouement
qui fait époque dans l'hiftoire de notre poéfie & honore
le xvie fiècle. Un bon bourgeois de Corinthe a perdu
fa femme partie avec un jeune ami. Le ciel pitoyable
le change en coucou :

> Et néanmoins quand le printemps renflamme
> Nos cœurs d'amour, il cherche encor fa femme,
> Parle aux paffants & ne peut dire qu'*où.*

— *Il boit avec fes lèvres les larmes de fa chère adultère.* — Image bien expreffive & que n'égale pas dans
fa brièveté la tirade d'Arnolphe fur les maris complaifants (*École des Femmes*, act. Ier, fc. Ire).

Page 38. *De Nirée vous deviendrez Therfite.* —
Nirée n'eft mentionné qu'au IIe chant de l'*Iliade*
(v. 671 & fuiv.). Ce fils de Cécrops & d'Aglaia paffait pour le plus beau des Grecs, mais il n'était qu'un
débile guerrier.

Page 40. *Le confeil d'Archiloque.* — Cette pufillani-
mité d'Archiloque, qui le fit chaffer du territoire de
Sparte, eft fignalée par Plutarque dans fes *Apophtegmes laconiens.*

Page 41. *Les puces, les moucherons.* — Réminifcences des *Nuées* d'Ariftophane.

Page 42. *Cette fameufe fentence de Platon.* — Cette fentence s'eft bien trouvée confirmée par d'illuftres exemples dont le plus fameux eft celui des Antonins. Néanmoins Commode, fuccédant à Marc-Aurèle, fuffit à démontrer combien les inftitutions offrent plus de garanties que le defpotifme même des fages & des héros.

Page 44. *Timon.* — Le Timon de Lucien dont Shakefpeare a fait fa propriété & fon bien.

Page 46. *Apologue plaifant & puéril.* — L'apologue de Ménénius Agrippa, verfifié par la Fontaine fous ce titre : « *Les Membres & l'Eftomac* » (liv. III, fabl. II), après avoir été traité par Rabelais (liv. III, ch. III).

Page 47. *Se guinder dans le Forum fous les dehors d'une ftatue d'airain :*

Aheneus ut ftes.

Horace (*Satires,* III, liv, II, v. 183).

Page 49. *Les Silènes d'Alcibiade.* — C'eft dans le *Banquet* de Platon qu'Alcibiade compare Socrate à l'un de ces Silènes qui, difformes à l'extérieur, trahiffaient en s'ouvrant des images divines. Voir le début du *Gargantua* de Rabelais.

Page 50. *Un Dama.* — Expreffion dont fe fervent Horace & Perfe pour défigner un perfonnage obfcur & méprifable.

Page 54. *Auffi bien qu'une pierre rigide ou qu'un rocher de Paros.* — Erafme s'eft fouvenu du beau vers de Virgile :

Quam fi dura filex aut ftet Marpefia cautes.

Ce vers défigne l'attitude de Didon devant Enée au VIe livre de l'*Enéide* (v. 470-71), de Didon encore plus implacable & plus vengereffe par la majefté de fon filence qu'elle ne l'eût été en proférant de bien légitimes reproches.

— *Le feul roi, le feul fage, le feul libre.* — C'eft la

théorie ftoïcienne pouffée, il eft vrai, jufqu'au paradoxe, mais qui a le mérite d'attefter l'indépendance
que la confcience peut donner.

Page 55. *Les filles miléfiennes.* — Allufion à une anec-
dote contée par Aulu-Gelle. Ces vierges de Milet
avaient été faifies par l'appétit de la mort.

Page 56. *Chiron.* — Il s'agit du Centaure pédagogue
d'Achille. Ce même Chiron renonça à fon immortalité au profit de Prométhée. Il avait eu le deffous
dans une lutte contre Hercule, défenfeur de fon ami
Pholos.

— *Dans le ftyle d'Ariftophane.* — Ces épithètes fe trouvent en effet fur les lèvres de l'efclave Carion, dans
le *Plutus* d'Ariftophane.

Pages 58-59. *Qu'importe fi tout le public vous fiffle,
pourvu que vous vous applaudiffiez ?*

> Populus me fibilat; at mihi plaudo.
>
> Horace (*Satires*, I, liv. I, v. 66).

Page 60. *Theut, mauvais génie du genre humain.* —
Platon nous raconte, dans le *Phèdre*, l'hiftoire de ce
perfonnage, génie inventeur, qui vint communiquer
fes fecrets au roi égyptien Thamus, & qui, felon
Platon, fit un mauvais préfent aux hommes en fubfti-
tuant l'*écriture à la mémoire.*

Page 67. *Comme fi l'indulgence des dieux leur avait
donné la miffion d'égayer la trifteffe de la vie humaine.*
— Écoutons, chez un de nos contemporains, une
princeffe parler d'un fou (Elsbeth, dans le *Fantafio* de
Muffet, act. II, fc. 1.) : « Son efprit m'attachait à lui
« avec des fils imperceptibles; fa perpétuelle moquerie
« me plaifait à l'excès; tandis qu'il me parlait, il me
« paffait devant les yeux des tableaux délicieux; fa
« parole donnait la vie comme par enchantement
« aux chofes les plus étranges. »

Page 68. *Ne voyez-vous pas mes Fous être chers aux
plus grands rois ?*

> L'Angély, l'Angély,
> Viens, j'ai le cœur malade & d'amertume empli.
> Toi qui feul quelquefois me dérides,
> Viens !...
>
> (Louis XIII, dans la *Marion Delorme* de Victor Hugo,
> act. IV, fc. VIII.)

— *Notez, en paſſant, ce privilége des bouffons.* — Dans une curieuſe étude de mœurs florentines, un fou de cour, Giuntone, peut dire impunément devant un Médicis : « Il me plaît de blâmer votre triſteſſe. Je « ſuis ici ſur mon terrain de franchiſe. Le quolibet « m'eſt donc permis & j'en uſe comme de ma pro- « priété... Bouffon, mais c'eſt mon titre d'honneur! « Et quel beau titre! La vie eſt aſſez ſtérile ſi on ne « l'arroſe de bouffonnerie. »

Alfred des Eſſarts (François de Médicis).

Page 69. *La vérité au vin.* — Cette corrélation entre la vérité & le vin eſt exprimée par Alcibiade dans le *Banquet* de Platon.

— *Ce fou dit des choſes folles.*

Euripide (Bacchantes).

Page 70. *Tourner le noir en blanc :*
Maneant qui nigra in candida vertunt.
Juvénal (Satire III, v. 30).

— *Souffler le chaud & le froid.* — Voici la vieille fable d'Eſope, aſſez faiblement reproduite par la Fontaine (*le Satyre & le Paſſant*, liv. VII, fabl. VII). J. de Baïf avait mieux traité ce ſujet dans le livre III de ſes *Mimes & Enſeignements.*

— *Les femmes ſe plaiſent particulièrement avec cette eſpèce d'hommes.* — La Bruyère a dit plus durement : « Pour quelques autres plus retirées un maçon eſt « un homme, un jardinier eſt un homme. » (*Carac- tères,* ch. iv, *des Femmes.*)

Page 72. *Qu'importe l'époque de la mort pour cet homme qui n'a jamais vécu?*
Ils n'ont fait qu'exiſter, l'amant ſeul a vécu,
a fort bien dit André Chénier, dans l'abandon de ſon « *Art d'aimer* ».

— *Deux Vénus, deux Cupidons.* — Rechercher ces fic- tions dans le *Banquet* de Platon.

Page 73. *La Sibylle n'eût pas qualifié de furieux les travaux d'Enée :*
Inſano juvat indulgere labori.
Virgile (Enéide, liv. VI, v. 135).

— *Elles pourſuivent l'eſprit criminel :*
>Scelerum furiis agitatus Oreſtes.

— *Cet Argien qui pouſſait ſi loin cette aimable fureur.* —
Ici Eraſme ſuit Horace pas à pas. L'aventure de l'Argien qui dans un théâtre illuſoire croyait aſſiſter à une repréſentation imaginaire, & les réflexions qui viennent après ſa guériſon, tout cela eſt preſque mot pour mot dans la IIᵉ épître du livre II (v. 128-141).

Page 75. *Il faut mettre dans la même catégorie ceux qui mépriſent tout en dehors de la chaſſe.* — Il ſied ici de revenir à Molière & à ſa fameuſe ſcène des *Fâcheux* (act. II, ſc. VII).

Page 80. *Leur ſaint Chriſtophe aſſez ſemblable à Poly-phème.* — Aſſimilation hardie pour l'époque. D'ail-leurs ce morceau ſur la ſuperſtition ſemble avoir été écrit pour tous les temps. Il ſerait aujourd'hui d'une actualité frappante. On peut en rapprocher dans la Bruyère le paſſage ſur les faux dévots (chap. *de la Mode*), ſi heureuſement terminé par ce trait caracté-riſtique : « Un dévot eſt celui qui ſous un roi athée ferait athée. »

Page 81. *Ainſi grâce à ces indulgences.* — Cette élo-quente imprécation contre les indulgences allait être juſtifiée par le ſuccès de la Réforme.

Page 87. *L'un rapporte ſa race à Enée, l'autre à Bru-tus, cet autre à Arthur.* — « Un homme de la cour qui n'a pas un aſſez beau nom doit l'enſevelir ſous un meilleur, mais s'il l'a tel qu'il oſe le porter, il doit alors inſinuer qu'il a de tous les noms le plus illuſtre. » (La Bruyère, *de la Cour*, chap. VIII.)

— *Ils montrent des images d'ancêtres peintes & ſculp-tées.*
>Stemmata quid faciunt? Quid prodeſt, Pontia, longo
>Sanguine cenſeri pictoſque oſtendere vultus
>Majorum & ſtantes in curribus Æmilianos.
>>Juvénal (Sat. VIII, v. 6 & ſuiv.).

— *Un nouvel Hermogène.* — Célèbre chanteur du temps d'Auguſte que dans ſes *Satires* Horace a pluſieurs fois mis en ſcène (liv. Iᵉʳ, ſat. III, v. 29; liv. Iᵉʳ, ſat. IV, v. 70).

Page 90. *En ce genre de satisfaction les Romains.* — Les Romains du xvie siècle sont assez fidèlement dépeints dans les *Regrets & les Antiquités* de du Bellay. Le poëte s'accorde sur ce point avec Erasme.

— *Les Germains se font honneur de leur stature.* — Tacite nous montre, en son IVe chapitre de la *Germanie*, les Germains « d'une haute stature & vigoureux pour un premier effort ».

Page 94. *Le déclamateur.* — Fénelon traite avec plus de sévérité ceux qui tournent la parole sacrée en déclamation de rhétorique. (V. le chapitre iv de la *Lettre sur les occupations de l'Académie française.*) Il a raison de dire : « Ce n'est point avec cette ostentation de paroles que saint Pierre annonçait Jésus crucifié. »

Page 96. *La caverne de Platon.* — C'est le plus célèbre mythe que le philosophe ait déroulé. Vous le trouverez au VIIe livre de la *République*.

— *Mycille.* — C'est un savetier que Lucien a mis en scène rêvant la nuit qu'il était devenu riche, & réveillé par le chant du coq,

Il fit couper la tête à son coq de colère.

Cette aventure a donné lieu à une comédie piquante de MM. Nus & Trianon, représentée sur le Théâtre-Français.

Page 97. *La Peine, la Fièvre.* — Ces bizarres divinités n'en avaient pas moins des temples. Le sanctuaire de la Fièvre se dressait sur le mont Palatin.

Page 101. *Junon à Argos.* — Héra (la Junon des Latins), dit au IIIe chant de l'*Iliade* (v. 51 & suiv.) : « Trois cités me sont chères entre toutes : Argos, Sparte, Mycènes aux larges voies ». Et elle offre le sacrifice de ces trois villes en retour de la destruction d'Ilion.

Page 104. *Moinillons adulateurs.* — Ce n'est pas la seule attaque qu'Erasme dirigera contre ces quêteurs vagabonds, en butte aux traits de tous les grands satiriques du xvie siècle, Luther, Hutten, Rabelais.

Page 105. *Ménippe.* — Ce Ménippe joue aux enfers

dans la vaste comédie de Lucien le rôle que soutient Momus dans le ciel, le personnage du diseur de vérités & de l'infatigable moqueur.

Page 106. *Le rameau d'or.* — C'est le rameau de la Sibylle au VIe livre de l'*Enéide.*

— *Les pédants.* — Les pédants servent, comme · les moines, de cibles à tous les grands esprits du XVIe siècle, railleurs par humanité. Ils inaugurent une lutte que Molière achèvera en portant le dernier coup au pédantisme dans la personne de Métaphraste, de Marphurius, de Pancrace, de Vadius & de Trissotin.

— *Toujours sordides.* — Voyez le portrait du pédant tracé par Régnier, dans sa X^e satire sur un repas ridicule :

> Le pédant tout fumeux de vin & de doctrine.

— *Lieux de supplice.* — Rappelez-vous le tableau tracé par Montaigne, de ces classes « jonchées d'osier sanglant ».

Page 110. *Pour rien au monde, il ne permuterait avec les rois des Perses.* — Philaminte ne dit-elle pas dans *les Femmes savantes* :

> La grammaire qui sait régenter jusqu'aux rois
> Et les fait, la main haute, obéir à ses lois.

— *Les poëtes....., c'est une race libre* :

> Pictoribus atque poetis
> Quidlibet audendi semper fuit æqua potestas.
> Horace (*Epit. aux Pisons*, v. 9 & 10).

Page 112. *Plus avisés sont les plagiaires.* — Comparez avec ce passage de la Bruyère (chap. 1, *des Ouvrages de l'esprit*) : « Il y a des esprits, si j'ose le dire, inférieurs & subalternes ». Et avant la Bruyère Montaigne, dans ses *Essais*, avait fort mal traité les pédants qui vont « pillotant la science dans les livres ».

Page 113. *Alcée, Callimaque.* — On peut confronter avec cet échange de fadaises complimenteuses le dialogue de Vadius & de Trissotin, au IIIe acte des *Femmes savantes.*

Page 115. *Dodone.* — Allusion aux chaudrons d'airain disposés dans le temple dédié à Zeus, de manière à répercuter le son.

Page 116. *Stentor*. — Ce Stentor était la voix de l'armée grecque. Héra prend ſes traits pour ſtimuler le courage des Achéens.

Homère (chap. v, v. 78 & ſuiv.).

Page 118. *Ne pas remuer Camarine*. — Il s'agit d'un marais voiſin de la ville de Camarine, immortaliſée par un vers d'André Chénier. Ce marais incommodait la cité par ſes exhalaiſons peſtilentielles. Apollon, conſulté, répondit « de ne pas remuer Camarine ». On ne tint pas compte de cet oracle : le marais fut deſſéché, mais auſſi ſervit-il de paſſage aux ennemis pour prendre Camarine.

— *Anagyre*. — Herbe qui répandait au toucher une odeur répugnante.

Page 120. *Filet de Vulcain*. — Ce fabliau ſe trouve tout au long dans l'*Odyſſée*, raconté par l'aède phéacien Démodocos (ch. viii, v. 267, 367).

Page 126. *La toile de Pénélope*. — Conſulter l'*Odyſſée* (ch. ii, v. 87, 111).

Page 137. *Le ciel des Abraxaſiens*. — L'hérétique Baſilide avait fabriqué 365 ciels différents.

Page 138. *La bouche fermée par un gâteau*. — De même Enée offre à Cerbère :

Melle ſoporatam & medicatis frugibus offam.

(*Enéide*, liv. VI, v. 420).

Page 146. « *L'âne près de la lyre.* » — Vieille locution. Baïf, dans ſes *Mimes*, nous dira :

La lyre à l'aſne, au porc la harpe.

Page 150. *Que dirai-je des grands?* — Même développement de penſées dans la Bruyère (*de la Cour*, chap. viii) : « Qui eſt plus eſclave qu'un courtiſan aſſidu, ſi ce n'eſt un courtisan plus aſſidu ? L'eſclave n'a qu'un maître, l'ambitieux en a autant qu'il y a de gens utiles à ſa fortune. »

— *Ils laiſſent aux autres le ſoin d'être vertueux.* La Bruyère a dit encore plus nettement : « Les grands n'ont point d'âme. »

(*Des Grands*, chap. ix.)

Page 156. *Une telle foule de parafites, &c.* —Les témoignages abondent chez Dante, Pétrarque & tous les écrivains les plus catholiques du moyen âge, fur la prodigieufe corruption de la cour papale à Rome & à Avignon.

Page 163. *La déeffe de Rhammunte.* — La Néméfis adorée à Rhammunte, bourg de l'Attique.

— *Le hibou de Minerve.* — Cet oifeau était confacré à la divine Athéné qui le prit fous fa protection en fouvenir d'Afcalaphe, fils d'Achéron & de la Nuit, & lui-même métamorphofé en hibou, pour avoir dénoncé Déméter en quête de Perféphoné, & fignalé les fept grains de grenade cueillis par la déeffe dans l'Hadès.

Page 167. *Méler à la fageffe une folie paffagère :*
    Mifce ftultitiam confiliis brevem.
                    Horace (liv. IV, Ode XII, v. 26).

— *Une courte folie eft charmante.* — C'eft ainfi que nous traduifons le « *dulce eft defipere in loco* ».
                    Horace (liv. IV, Ode XII, v. 27).

Page 176. *La plupart des docteurs préféreraient errer plutôt que d'être dans le vrai avec ces gens à triple idiome.* — En France, la Sorbonne tenait en fufpicion le grec & l'hébreu. Marot, dans une de fes épîtres à François Ier, accufait formellement les « forboniqueurs » d'être ennemis
    De la *trilingue* & docte académie.
C'eft-à-dire du Collège de France fondé par l'intelligente générofité du monarque, & où l'on enfeignait le grec & l'hébreu au même titre que le latin.

Page 189. *Saint Paul rejette la fcience comme pernicieufe.* —Boffuet a pu dire que faint Paul « ignore la rhétorique & méprife la philofophie » ; cependant il ne faudrait pas faire confifter dans ce mépris & dans cette ignorance toute la tradition d'une religion qui a tant de fois évolué. Il importe même de diftinguer l'élégante habitude des Pères grecs de la barbare doctrine des Pères latins.

Page 197. *Les gens de piété travaillent à fe les arra-*

cher (les sentiments naturels). — C'eſt ainſi qu'Orgon,
à l'école de Tartuffe, arrive à dire :

> Il m'enſeigne à n'avoir d'affeſtion pour rien.
> De toutes amitiés il détache mon âme,
> Et je verrais mourir frère, enfants, mère & femme,
> Que je m'en ſoucierais autant que de cela.

BIBLIOGRAPHIE

Moriæ Encomium, Erafmi Roterodami declamatio. —
Argentorati, in ædibus Math. Schurerii, menfe
auguſto, anno MDXI. — In-4º.

Opuſculum cui titulus eſt Moria, id eſt ſtultitia quæ pro
concione loquitur. — Venetiis, in ædibus Aldi,
menfe auguſto, 1515. — In-8º.

— Édition de Florence, per hæredes Phil. Juntæ, 1518.
— In-8º.

— Édition de Venife, per Jo. Iacuinum de Tridino,
1518. — Petit in-8.

— Cum commentariis Ger. Liſterii. — Bafileæ, typis
genethianis, 1676. — In-8º.

Eadem declamatio (édition Becker). — Bafileæ, 1780.
— In-8º.

Eadem declamatio. — Parifiis, Barbou, 1777.

Μωρ. ἐγκ., id eſt ſtultitiæ laus, declamatio. — Horn.,
1839. — In-8º.

*De la déclamation des louanges de folie, ſtyle faceſſieux
& profitable pour cognoiſtre les erreurs & abus du
monde.* — Paris, Pierre Vidone, pour Galiot Dupré,
1520. — Petit in-4º goth.

L'Éloge de la Folie, traduit du latin par Gueudeville.
Amſterdam, L'Honoré, 1728. — Petit in-8º.

L'Éloge de la Folie, traduit du latin par Gueudeville.

Paris, 1751. — Édition donnée par Meunier de Querlon. — Petit in-8º.

Traduction de Laveaux. — Bâle, 1780. — In-8º.

Traduction de Barrett. — Paris, 1789. — In-12.

Traduction de C.-B. de Roualbe (Ch. Brugnot). —
Troyes & Paris, Roret, 1826. — In-8º.

Édition Nisard. — Paris, 1843 & 1855.

Traduction en italien, par un anonyme. — Bassano,
1761. — In-8º.

Traduction en anglais, par Thomas Chaloner. — London, 1569. — In-4º.

— Par Kennet. — London, 1709. — In-8º.

En allemand, par Rafca. — Francfort & Leipzig, 1735.
— In-8º.

En hollandais, par J. Westerboon. — La Haye, 1659.
— In-8º.

En suédois, par Sam. Lundberg. — Stockolm, 1728. —
— In-8º.

TABLE

—

IMPRIMÉ A ÉVREUX

En l'année mil huit cent soixante-dix-sept

PAR CHARLES HERISSEY

www.ingramcontent.com/pod-product-compliance
Lightning Source LLC
Chambersburg PA
CBHW051304060726
47596CB00001B/223